キミの一歩

マレーシア

幸せじゃないなら、
やめればいい

野本響子

もくじ

マレーシアは、東南アジアの国の名前です。一年中、日本の夏みたいな気候の国で、雨季と乾季はあるものの、冬はありません。いろんな人が暮《く》らしていて、とっても元気な国です。公用語はマレー語ですが、英語が通じますし、家庭で使う言葉も異なっています。

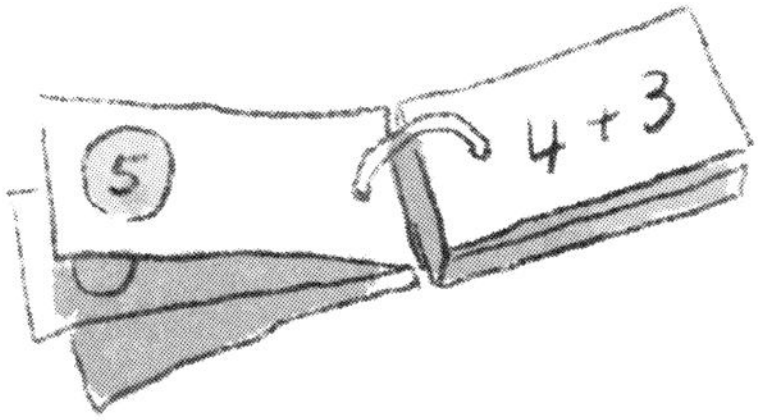

はじめに

私《わたし》の息子のコウスケは、ゲームやＹｏｕＴｕｂｅの好きな普通《ふつう》の男の子です。

計算カードや漢字ドリルは大嫌《だいきら》いだけれども、世界の仕組み――たとえば、宇宙《うちゅう》や、命や、生物の不思議を追究するのが大好きな男の子でした。

そんなコウスケが「学校に行きたくない」と言い出しました。

小学校一年生のときの、小さな彼《かれ》の、大きな主張《しゅちょう》。

そこからはじまったマレーシアでの生活。

それは怒濤《どとう》だけれど、楽しく刺激的《しげきてき》な日々《ひび》でした。

本書はそんなコウスケと私《わたし》の冒険《ぼうけん》をつづったエッセイです。

体験した現実をもとにしていますが、出てくる人物はプライバシーを守るためにも創作したぶぶんが多くありますし、実在《じつざい》しない人もいます。

親の私《わたし》が小さい頃《ころ》にさんざん言われてきたのは、「学校は嫌《いや》でも行くところ」でした。

私《わたし》にとって学校は行って当然だし、それが常識《じょうしき》だったのです。

だからこそ、コウスケの不登校で悩《なや》みました。

みなさんも、学校に行きたくなくなったり、行けなくなって悩《なや》んだことがあるかもしれません。

私《わたし》の場合は幸いなことに、「学校が嫌《いや》なら、転校すればいいじゃない」と明るく言ってくれた人がいました。

マレーシア人の友人です。

思い切って体験入学してみたマレーシアの学校は、コウスケにとって最高の場所でした。

「先生が、穴が開くほど生徒を見るんだよ!」とコウスケは言いました。そして「階段をのぼっただけでほめられる」のだと。

それで、マレーシアの学校に通うことになったのでした。

コウスケは「ハッピーじゃなければ転校する」と決めて、9つの学校を転々《てんてん》とすることになりましたし、中学時代には学校に行かない、と決めて、プログラミングと数学を自力で学ぶことを決めました。ちなみに、マレーシアでは自力で学ぶ「ホームスクーラー」がたくさん存在《そんざい》します。

コウスケは、3年間の自習ののち、試験を受けて中学を卒業すると、「国際《こくさい》バカロレア」という国際的《こくさいてき》な教育プログラムを提供《ていきょう》する組織《そしき》の高校に入り、2年間、哲学《てつがく》に夢中《むちゅう》になりました。

コウスケは、あっちこっちにぶつかって、「あれ、違《ちが》うな」と軌道修正《きどうしゅうせい》しながら、自分の人生を選択《せんたく》していきました。

彼《かれ》には選ぶ力が身についていたのです。

そして、やめる力も。

幸せじゃなければ、キッパリとやめるのは、今の時代に必要な力です。

コウスケは大学生になりましたが、大勢の友だちに囲まれながら、これからも必要があればやめたり、場所を移ったりしていくことでしょう。

コウスケの冒険《ぼうけん》は「たまたま」起きたことでしょう。

誰《だれ》もが、海外で同じようなハッピーな変化を経験《けいけん》できるわけじゃないと思います。

でも、もしあなたが「学校が嫌《いや》だな」と思っているのなら、踏《ふ》み出せそうな「キミの一歩」を探《さが》してみてほしい。

日本の外の世界には、「日本の常識《じょうしき》」では考えられない世界が広がっています。

そして日本の教育もいま、大きく変わりつつあります。

みなさんが悩《なや》むことでも、「こだわることじゃなかった」と気づくこともあるでしょう。

私《わたし》が見てきたコウスケの「一歩」は、「世界は広いこと」「人生を自分で選択《せんたく》すること」の重要さを教えてくれました。

この本をきっかけに、自分の「冒険《ぼうけん》」に出かけてほしい。

思いもよらない、果てしなくすてきな世界が、きっとそこにあるのだから。

1 コウスケはワンパク

1-1 保《ほ》育《いく》園《えん》の人気もの

コウスケは幼《おさな》い頃《ころ》からワンパクだった。

ブランコから飛び降《お》りてケガをし、救急車《きゅうきゅうしゃ》で運ばれたこともあれば、ブロックを鼻に入れて取れなくなり、お医者さんに怒《おこ》られたこともある。

迷子《まいご》になったと思ったら、勝手にあんみつ屋さんに入って、ひとりでメニューを見ていたこともある。

行動力もだが、好奇心《こうきしん》も人一倍強い。

例えば、インド料理屋に行ったら、壁《かべ》に貼《は》ってあった神様の絵に夢中《むちゅう》になったことがあった。

なんだろうと言ったコウスケに、店員さんは親切にも「それはね、インドの神様

なんだよ」と教えてくれた。

コウスケは目を輝《かがや》かせて、「なんで神様は青いの」「なんで神様には手がいっぱいあるの」と店員さんを質問《しつもん》ぜめにしていた。

しばらくはこの神様が彼《かれ》の頭から離《はな》れなかったっけ。

コウスケの保育園《ほいくえん》の先生は、そんな彼《かれ》の好奇心《こうきしん》を「いいこと」として受け止めてくれた。

なので、お迎《むか》えの報告《ほうこく》はいつもこんな感じだった。

「ヤスデに夢中《むちゅう》で、お友だちとたくさん集めてカップに入れていました」

「ビッグバンの紙芝居《かみしばい》に夢中《むちゅう》になっていました。質問《しつもん》が止まらなくなっていましたよ」

ああ、これは家でも宇宙《うちゅう》の話がはじまるぞ。

保育士《ほいくし》の話を聞いて覚悟《かくご》を決める。

案の定、宇宙《うちゅう》に関する質問《しつもん》が止まらなくなり、コウスケをなんども科学博物館に連れて行くことになった。

かくいう私《わたし》も、先生以上に彼《かれ》の好奇心《こうきしん》をとても尊重《そんちょう》していたのだが、きっと親なら誰《だれ》でもそうだろう。

毎週、科学博物館の開館から閉館《へいかん》までず〜っといて、ボランティアの先生を質問《しつもん》攻《ぜ》めにしていた。

おしゃべりで、「コウスケくんは、2分間黙《だま》ると死んでしまうんですよ」と保育《ほいく》園《えん》の先生たちにからかわれているくらいだった。

1-2 —— 教育方針《ほうしん》

小学校に入ってからも、しばらくは科学博物館に通っていた。

そんなある日のこと。

コウスケが科学の実験教室で遊んでいるあいだ、しばらく館内を見ていると、

「あらー、こんにちは」

と明るい声がした。

振《ふ》り返ると、私《わたし》の兄の妻《つま》にあたる、瑛子《えいこ》さんが立っていた。緑色のワンピースに、

白いカーディガンをフワッと羽織《はお》ってきちんと化粧《けしょう》をしている。

正直、今日はあいたくない人のひとりだった。

だが、小学校の隣《となり》のクラスには、コウスケの従兄弟《いとこ》に当たる息子《むすこ》のカオルくんがいる。付き合いは大切にしないといけない。

それに、瑛子《えいこ》さんによると、カオルくんはとても頭がいいらしく、自慢《じまん》なのだ。

「あ、お義姉《ねえ》さん、こんにちは」

「偶然《ぐうぜん》ね。カオルに図鑑《ずかん》をあげたくて見にきたのよ。博物館のショップなら科学系《けい》の本は充実《じゅうじつ》してるでしょ？　最近本屋がなくて困《こま》るのよね。あなたも何か買い物？」

「まぁ、そんなところです」

本当は違《ちが》う。コウスケと一緒《いっしょ》にきたのだが、ここは黙《だま》っていた方がよさそうだ。

「カオルのお迎《むか》えまで少し時間があるから、少しお話ししましょうよ？」

科学博物館の喫茶店《きっさてん》で、少しだけならということで席に着くなり、瑛子《えいこ》さんは話し始めた。

「カオルがね、こないだA塾《じゅく》で全国トップ50を取ったのよ」

「へぇ、それはすごいですね」

本心だった。全国でトップ50なんて、本当にすごい。カオルくんは、そろばんとスイミング、ピアノも習っていて、なんでもよくできるのだ。

「コウスケくんは、中学受験はどうする予定なの」

「そんな。まだ小学校に入ったばかりで、何も考えてないですよ」

「あら、随分《ずいぶん》のんびりしてるのね。うちも本当は小学校受験の予定だったのに、夫が『やっぱり地元の公立がいいんじゃないか』とか言い出して、仕方なくここにしたのよ。でもまあ、中学の受験率《りつ》が高いみたいでよかったけど」

「コウスケはあの通りワンパクで、私立《しりつ》って柄《がら》じゃないし、地元の中学に行くと思いますよ」

「あの中学校？　あそこは評判《ひょうばん》が悪いわよ」

「でも、保育園《ほいくえん》の友だちは公立中学に行くと言ってます」

親とは我《わ》が子が、小学校に入ったばかりなのに、もうどの友だちとどの中学校に行くか、考えてしまう生き物なのだ。

保育園《ほいくえん》と聞くと、瑛子《えいこ》さんの顔はいつも険《けわ》しくなる。

「保育園《ほいくえん》って……。悪く言いたくないけど、保育園《ほいくえん》の子たちの言葉が乱暴《らんぼう》でワガママで困《こま》るって、みんなが言っているのは知っている？　しつけがしっかりしてない子が多いって」

みんなって誰《だれ》、と思いながらも抑《おさ》えた。

「でも、保育園《ほいくえん》の友だちは、元気で心の優《やさ》しい子が多いんですよ」

「あなたのクラスにも1人いるでしょ、ヒロシくんだっけ。座《すわ》ってられない子」

ふと、入学式でふらふら歩いていた男の子の姿《すがた》が目に浮《う》かんできた。あの子はヒロシくんという名前なのか。なんでもよく知っているなと、みょうに感心する。

「地元の荒《あ》れた学校に行かせないように、できるだけのことしないとね。今やいい大学行くなら私立《しりつ》中学は必須《ひっす》よ。塾《じゅく》も低年齢《ていねんれい》からいかせる方が第一志望《しぼう》の中学に受かる確率《かくりつ》が上がるらしいのよ」

「私《わたし》も夫も公立出身ですし、大学受験は高校からでも間に合いました」

「あのねぇ、時代が違《ちが》うのよ。中高一貫校《いっかんこう》が増《ふ》えて、高校受験は本当に大変よ」

「そうなんですか」

こうやって断言《だんげん》されると、誰《だれ》でも不安がうつる。私《わたし》も少し不安になった。

「ウカウカしていると、コウスケくんが負け組になっちゃうよ。A塾《じゅく》は今すごい人気で、3年生からじゃ入れないの。1年生のうちに席を確保《かくほ》しないと」

塾《じゅく》のセールスコピーのようだなと思った。

瑛子《えいこ》さんは不安なのだ。

そして、この「不安ビジネス」が日本には多い気がする。

不安をあおる広告《こうこく》がたくさんあるのだ。

私《わたし》は不安に負けないように、気持ちを確《たし》かめる。

「私《わたし》、負け組とか勝ち組とか本当にどうでもいいんです」

「コウスケくんが負け組になって将来貧乏《しょうらいびんぼう》になったらどうするの」

「……それは、余計《よけい》なお世話ですよ」

つい、自分でも驚《おどろ》くほど語気が荒《あら》くなった。

コウスケはお受験どころか、通い始めた学校に対応《たいおう》できてさえいないのだ。

実は、今日だって、学校を休んで科学博物館にきていた。

2学期がはじまって、学校に行きたくないと言い始めてから、もう5か月近く過《す》ぎようとしている。

こうしている間にも、実験教室が終わったコウスケがここに現《あらわ》れたら、なんで学校に行ってないのか、質問《しつもん》攻《ぜ》めにあうに違《ちが》いない。

コウスケが不登校気味なことを瑛子《えいこ》さんに言ったら、いよいよ攻撃《こうげき》されるだろう。

私《わたし》は教育方針《ほうしん》なんて考えたことがなかった。

保育園《ほいくえん》の子たちはしつけがなってないかもしれないし、小学生になっても足をぶらぶらさせているかもしれない。

でもあの時代は幸福だったじゃないか。あの時代と同じように、ただ楽しく学校を過《す》ごしてくれたら、それでいいのに。

だけど、コウスケは学校生活を楽しく過《す》ごしていないのだ……。

考えると、ますます気持ちが落ち込《こ》んだ。

黙《だま》っていると瑛子《えいこ》さんが、時計を見た。

「カオルを塾《じゅく》に連れてかないと。それじゃまたね」

と、風のように去っていった。

1‐3 ── 学校行きたくない

「お母さん、あのね、ぼくね、学校に行きたくない」

小学校1年生の2学期に入ったある朝、コウスケは突然《とつぜん》、そう言った。

「そうなの？」

食器を食器洗《あら》い機《き》に入れていた私《わたし》は、ほんの少しだけ手を止めた。

平日の朝は忙《いそが》しい。

あわただしさで聞こえなかったようにふるまいたい一言だった。

ご飯と味噌汁《みそしる》、目玉焼きを作って「早く、早く」と食べさせる。

その間、計算カードの宿題と朗読《ろうどく》の宿題にハンコを押《お》す。最近の学校は、提出物《ていしゅつぶつ》が多い。制服《せいふく》のシャツにアイロンをかける。洗濯《せんたく》した上履《うわば》きを上履《うわば》き袋《ぶくろ》に入れないと。上履《うわば》き袋《ぶくろ》はどこだっけ……。体操服《たいそうふく》も用意しなければ。

コウスケはノロノロご飯を食べて、その後、嫌《いや》そうに制服《せいふく》を着る。公立学校なのに、なんで、制服《せいふく》があるんだ……。

そして靴下《くつした》を履《は》くのにものすごく長い時間をかける。

あと10分で家を出ないと間に合わない。

私《わたし》は横目でイライラしてコウスケを見る。

小学校は家のすぐ裏《うら》。多分もうすぐ最初の鐘《かね》が鳴る頃《ころ》だ。

「登校班《はん》」はとっくに行ってしまった。

その瞬間《しゅんかん》、コウスケがもう一度言った。

「学校行きたくない」

正直、そろそろコウスケがそう言い出すのではないか、と予感はしていた。

でも心の準備《じゅんび》はまったくできていない。

彼《かれ》の気の迷《まよ》いであってくれと願う自分がいた。

「どうしたの。具合が悪いの」

「……悪くないよ」

「じゃあ、なんで嫌《いや》なの？」

「……」

「いじめられたの？」

「……（首を振《ふ》る）」

「先生が怖《こわ》いの？」

「……怖《こわ》くないよ」

「じゃあなんでなの」

詰問《きつもん》口調になるが、コウスケは黙《だま》っている。

「ごめんね、お母さん、今日は大事な会議がある日なの。コウスケは誰《だれ》もいない家に一人でいるの嫌《いや》でしょ。今日は行ってくれるかな？」

コウスケはしばらく黙《だま》ってから、

「うん。わかったよ」

と小さく言った。

しょんぼりするコウスケに、「お母さんと一緒《いっしょ》に行こうか」と声をかけて、小さな手を繋《つな》いでなんとか家を出る。

秋の穏《おだ》やかな日で、下町の路地を、自転車に乗った親子や、おじいさんとすれ違《ちが》う。いやいやだからか、なかなか歩みが進まない。

なんだか重力で後ろに引っ張《ぱ》られているみたい。

ようやく校門の前に来て「ぼく、やっぱり行きたくないの」と言って、入ろうとしない。

そこへ太田《おおた》先生がやってきた。黒縁《くろぶち》メガネの女性《じょせい》で、隣《となり》のクラスの担任《たんにん》だ。

「朝のあいさつ運動」と書いた黄色いタスキをかけている。いつも怒《おこ》っているように見えて、苦手だ。

「コウスケさん、おはよう。もう少し早くこないとダメだよ。帽子《ぼうし》はどうしたの?」

しまった。帽子《ぼうし》を忘《わす》れていた。

「あ、すみません。私《わたし》が忘《わす》れてしまいました」

「これから気をつけてください」

太田《おおた》先生は厳《きび》しく言って、彼《かれ》の手を取ると、学校の中に連れて行った。コウスケの姿《すがた》が学校の中に消えると、ちょっとホッとした。

やれやれ。これで会議に行ける。時計を見ると、次の電車まであと7分。なんとか間に合うだろう。

満員電車に体を押《お》し込《こ》めて一安心すると、ふと、さっきのコウスケのセリフが気になった。

コウスケは、小学校に入って突然《とつぜん》元気がなくなった。保育園《ほいくえん》時代とは変わり、途《と》端《たん》に無口になって、学校のことは一切話さない。

なぜ学校に行きたくないのかな？　担任《たんにん》の櫻井《さくらい》先生は、隣《となり》のクラスの怖《こわ》い太田《おおた》先生とは違《ちが》って優《やさ》しそうなのに。

翌日《よくじつ》になると、コウスケは朝になると泣いて、学校に行きたくないと訴《うった》えた。同じように無理やり連れて行く。

コウスケがかわいそうな気持ちと、忙《いそが》しい気持ちを分かってほしいという怒《いか》りで気分は悪い。けれど、ほかに方法がないのだ。

1-4 ── ほかの選択肢《せんたくし》

授業参観日《じゅぎょうさんかんび》は親でも自由に学校を見学できるので、様子を見に行くことにした。重々《おもおも》しい校門をくぐり抜《ぬ》けて、薄暗《うすぐら》い下駄箱《げたばこ》のある空間を抜《ぬ》けると、コウスケたちの教室だった。はやりのオープン教室で、教室には壁《かべ》や仕切りがなく、廊下《ろうか》とつながっている。あちこちに「廊下《ろうか》を走らない子」「きちんと挨拶《あいさつ》する子」など標語がある。

コウスケのクラスは算数の授業中《じゅぎょうちゅう》だった。

子どもたちは、感心するくらい背筋《せすじ》を伸《の》ばしてきちっと座《すわ》って聞いている。

担任《たんにん》の櫻井《さくらい》先生が言う。

「姿勢《しせい》をきちんとしてね。お腹《なか》と机《つくえ》の間にぐーを作って、背筋《せすじ》はまっすぐ、脚《あし》はぶらぶらさせないこと」

コウスケはどこかな？　と探《さが》してみたら、つまらなそうに外を見ている。

先生が「この問題がわかる人？」と聞いているのに、そっぽを向いている。一人の女の子が叫《さけ》ぶ。

「先生、田中さんが足をぶらぶらしています」

注意されたのは、窓際《まどぎわ》にいる男の子だった。背《せ》が低い彼《かれ》には椅子《いす》が高すぎて、足が届《とど》かないのだろう。

すると今度は、一番前に座《すわ》っていた別の男の子が突然《とつぜん》立って、先生のいる黒板の方に歩き出した。ヒロシくんだ。先生は、彼《かれ》には目もくれず、授業《じゅぎょう》を続ける。彼《かれ》はふらふらと歩き回る。まるで透明人間《とうめいにんげん》のように、皆《みな》が彼《かれ》の存在《そんざい》を無視《むし》している。

隣《となり》で見ていた2人の保護者《ほごしゃ》が、ヒソヒソ話す。

「また、あの子だ。立ち歩いている」

「なんでこのクラスにいるんだろう。迷惑《めいわく》だよね」

私《わたし》は自分も怒《おこ》られているような気になり、いたたまれなくなって教室を出た。

廊下《ろうか》にある展示《てんじ》作品を見ていたら、

「コウスケくんのお母さん！」

と声をかけられた。

0歳《さい》から6歳《さい》まで7年間お世話になった、保育園《ほいくえん》の園長先生だった。コウスケが大好きだった先生だ。

卒園生の様子が気になって、こうやって見にくるという。

「コウスケくん、最近どうですか？」

「実は……。学校に入ってからは、元気がなくなってしまって……。今日も学校に行きたくないと言ったのですが、無理に連れてきたんです」

正直に言った。

「そうでしょうね」

園長先生はすぐにわかってくれたようだった。

「コウスケ君は、この学校では萎縮《いしゅく》してしまうでしょうね。学校に来て『ちゃんとしなくっちゃ』とスイッチが入る子もいるけれど、学校や先生との相性《あいしょう》もあるし。この学校は厳《きび》しい方だと思うの」

学校に「合う」とか「合わない」とかの相性《あいしょう》があるのか。

私《わたし》にとって学校は1種類で、そんなことは考えたこともなかった。

しかし今さら学校が合わないと言われても、公立学校は住む場所によって決まっているし、ほかの公立学校は遠いし、ひとりでは通えない。

「この学校はコウスケには厳《きび》しいんですね」

落ち込《こ》む私《わたし》に、園長先生も困《こま》った顔だったが答えてくれた。

「こういうお子さん、数年に1人はいるのよ。そうね……何か違《ちが》うこと……例えば、山村留学《さんそんりゅうがく》などを考えたらいいかも知れませんね」

その日はコウスケと一緒《いっしょ》に帰ることになり、手をつなぎながら聞いてみた。

「そういえば、授業《じゅぎょう》で当ててもらえなかったね」

「いつも当ててもらえないんだ」

しばらくして、コウスケがポツリと言った。

「……あのね。ぼくね、学校でいちばん怒《おこ》られてるんだよね。それに、一度もほめられたことがないんだ」

「そっか……なんで怒《おこ》られるの」

「学校にはルールがたくさんあるんだ。先生は足をぶらぶらさせてはダメって言う。

全員が背筋《せすじ》をピンと伸《の》ばさないと、給食を食べてはいけない。ぼくは休み時間は絵を描《か》いていたいのに、外で遊びなさい、って言う。それだけじゃなくて、『絵に太陽を描《か》いてはいけない』んだ。なんでって聞いても教えてくれない。ばかげてるよ。それで、ぼくはいつもルールを守れないから、怒《おこ》られているんだ」

「そっか」

「毎日怒《おこ》られる。学校は、嫌《きら》いだ」

「科学の質問《しつもん》ができるって楽しみにしていたじゃない」

「授業《じゅぎょう》に関係ないことは聞いちゃダメ、って怒《おこ》られたよ」

「でも、学校で友だちと遊べるじゃない」

「お友だちもみんな嫌《きら》い。他人に注意してばかり。いじわるな子ばっかりだよ。友だちなんていない」

学校が嫌《きら》い。

友だちが嫌《きら》い。

この短い言葉に、こんなに悲しい気持ちになるなんて。

家に帰って「山村留学《さんそんりゅうがく》」をインターネットで調べてみると、どうやら田舎《いなか》の学校に一定期間行って、体験させてもらう仕組みのようだった。

田舎《いなか》に行けば、コウスケものびのびとできて、学校に満足するのだろうか。

私《わたし》はこの頃《ころ》から、「ほかの選択肢《せんたくし》」を考え始めたのだった。

1‐5 ―― 登校しぶりが始まった

秋が深まると、コウスケはいよいよ学校が嫌《きら》いになって、毎朝、大声で泣くようになった。

朝ご飯が終わって、制服《せいふく》を着て、靴下《くつした》を履《は》く時間になると、決まって涙《なみだ》が出てくる。いつのまにか、「計算カード」も「計算ドリル」もどこかへ行ってしまい、いくら探《さが》しても出てこない。おまけに学校の帽子《ぼうし》もなくしていて、いよいよ先生から怒《おこ》られているようだった。

学校は家のすぐ裏《うら》にあるのに、行くのはいつも一番最後。

「学校に、行きたくない！」

コウスケは、叫《さけ》ぶように言った。

「でも、行かないとしょうがないでしょ」

この会話を何度くりかえしたか、わからない。

仕事で関西にいる夫は、東京には1か月に1回帰ってくるのだが、そのときは決まってコウスケのことを相談した。

「行きたくない気持ちはわかるけど、だからと言って学校に行かない選択肢《せんたくし》はないだろ。どうしようもないよね」

夫はそう言った。

そうなのだ。どうしようもない。

「不登校」という言葉がちらちらする。現代でも学校に行けなくなった子どもがたくさんいるが、今でもその子たちの居場所《いばしょ》は限《かぎ》られている。

ある日、お隣《となり》の宮原さんがピンポーンとやってきて、

「これ、ドブに落ちていましたよ」

となくしたはずの、泥《どろ》だらけの計算カードを見せてくれた。

コウスケの名前が書いてある。

後で帰宅《きたく》したコウスケに聞いてみたら、どうも自分で捨《す》てたみたいなのだ。

さすがに、悲しみと怒《いか》りが込《こ》み上げた。

「なんで計算カードを捨《す》てちゃうの」

「だってやりたくないんだもん」

「やりたくなくても、捨《す》てちゃダメでしょ」

「……でも嫌《いや》なんだもん」

「気持ちはわかるけど、我慢《がまん》することも大切だよ」

「……」

「コウスケ、みんな我慢《がまん》してやってるんだよ。お兄さんになったんだから、がんばろうよ」

この日を境目《さかいめ》にして、コウスケは前日の夜から大声で泣くようになった。

一軒家《いっけんや》に住んでいたが、きっと近所中に泣き声がひびいていたと思う。隣《となり》の家のおばあちゃんもきっと心配しただろう。それに、きっと登校中の子どもたちにも、泣き声が聞こえていただろう。

親としては、虐待《ぎゃくたい》しているみたいで、すごく辛《つら》かった。


毎朝、泣くコウスケを引きずって学校まで行く日々《ひび》が始まった。

門の前に行くと、もう朝の登校時間は終わっていて、「朝のあいさつ運動」の先生や、用務員《ようむいん》さんが、嫌《いや》がるコウスケを力ずくで中に入れてくれる。

コウスケはここで最後の力を振《ふ》り絞《しぼ》って泣き叫《さけ》ぶ。道ゆくサラリーマンが「一体何事だろう」という視線《しせん》で、この一連の騒動《そうどう》を見ている。

私《わたし》はどんな親に見えているんだろうか。

保育園《ほいくえん》の先生は、「学校や先生との相性《あいしょう》がある」と言った。

しかし相性《あいしょう》があるとして、今の私《わたし》に何ができるだろうか。

引《ひ》っ越《こ》して隣《となり》の区域《くいき》の公立学校に通わせてみようか。

しかし、引《ひ》っ越《こ》した先で、コウスケがうまくいく保証《ほしょう》があるのだろうか？

転校生として、逆《ぎゃく》に虐《いじ》められてしまうかもしれない。それに、日本全国、どこに行っても計算カードからもドリルからも逃《に》げられないだろう。

コウスケは「ぼくはもっと学校で質問《しつもん》したい」と言っていた。

でも、どの学校なら質問《しつもん》ばかりして授業《じゅぎょう》を止める人間を許《ゆる》してくれるだろうか？

それとも、私立《しりつ》学校が中途《ちゅうと》入学で受け入れてくれるだろうか？

当時、私《わたし》の頭の中には「学校に行かない」という選択肢《せんたくし》はなかった。

その後、自分がどんなに狭《せま》い世界に住んでいたかを知るわけだけれども、当時は見えなかったのだ。

1-6 ―― マレーシアからの来客

そんなある日のこと。家にお客さんがやってきた。

マレーシアからきたジェニファー一家だ。

彼《かれ》らは中国をルーツとする中華系《ちゅうかけい》マレーシア人。

コウスケが生まれる10年ほど前に、私《わたし》たちはインターネットで「友だち募集《ぼしゅう》」の掲示板《けいじばん》を通して、知り合った。

ジェニファーとその家族が東京にやってくるというので、勇気を出して会ったのをきっかけに、ずっと家族ぐるみで10年以上付き合っている。

一家はだいたい1年に1回のペースで、東京に泊《と》まりにくる。

今回は、父親の小児科医ライアンと奥《おく》さんのジェニファー、そして、子どものエリーがきた。英語、マレー語、中国語を流暢《りゅうちょう》に話す、国際的《こくさいてき》な一家なのだ。

一家とは、駅前の鮨屋《すしや》で会った。彼《かれ》らはワサビを山盛《やまも》りにして食べる。そして、いつも「日本の外に広い世界がある」ことを思い出させてくれる。


「コウスケ、どうしたの？　元気がないようだけど」

ライアンは小児科医なので、すぐにコウスケの異変《いへん》に気づいたみたいだ。

コウスケはじっと黙《だま》っている。英語がわからないのだ。

「学校が嫌《きら》いみたいで、元気がないの」

私《わたし》が横から英語でこたえた。

すると、ライアンは、静かに言った。

「環境《かんきょう》が合わないのかもしれないよ」

「学校が嫌《いや》で、毎日泣いてるのよ」

「そうか、ハッピーじゃないなら、学校を変えたらいいんじゃないかな」

私《わたし》は、びっくりした。

「学校を変える？」

「そうだよ。長男のジミーは3回も小学校を変わったよ。長女のエリーも2回変わってる。うちは子どもがハッピーじゃないとわかったら、学校を変える」

ハッピーじゃなければ、学校を変える。しかも3回も。

そんなに気楽でいいのだろうか。

私《わたし》には「転校」を気軽に実行するような考えがなかった。

すると、横で聞いていたエリーも加勢《かせい》した。

「私《わたし》も前の学校でいじめられて、すぐに学校を変わったよ。今の中学校は全寮制《ぜんりょうせい》だけど本当に楽しいよ。コウスケ、見にきたら？」

いじめられたら、すぐに学校を変える？

ちょっと信じられない。

「そんなこと言っても、日本でそんなに学校を簡単《かんたん》に変えるなんて、ありえないよ」

そうこたえると、さらに仰天《ぎょうてん》するようなことをエリーが言う。

「じゃあマレーシアに来ればいいじゃない。私《わたし》のクラスにも、韓国人《かんこくじん》がたくさんいるよ。日本人は少ないけど。マレーシアの学校はきっとコウスケの性格《せいかく》には合うと思うよ」

ライアンも言った。

「世界が繋《つな》がるこれからの時代に、コウスケがマレーシアで数年学ぶのはいいと思う。英語はこれからの時代、すごく大事になるよ」

とても真剣《しんけん》で、冗談《じょうだん》を言っているようには思えない。

そのとき、ドアが開いて夫が合流したので、その話はそこでおしまいになった。

私《わたし》は熱いお茶を飲みながら、何度も今の話を考えていた。

そうか。学校を変える――それが外国に行けば、可能《かのう》になるかもしれない。

マレーシアには何度も行っている。

あの国の人たちは子どもにとても優《やさ》しかったっけ。

何よりコウスケの「友だちがいない」という言葉が気になっていた。

無理に今の学校に行かせるよりも、気晴らしに環境《かんきょう》を変えたほうがいいかもしれない。

しかし私《わたし》が仕事をやめても、一家は生きていけるだろうか。

貯金《ちょきん》を使えば、なんとかなるかもしれない。1年、または2年くらいなら、我《わ》が家の財政《ざいせい》でも行けるだろうか。

まずは、調べてみよう。

1-7 ―― 不登校からマレーシアへ

こうして冬休みが終わり、3学期になると、私《わたし》はようやくコウスケに、「学校を休んでもいいよ」と言えるようになった。

そう言うと、コウスケの顔がぱあっと明るくなった。晴れて「不登校」になった途端《とたん》、笑顔《えがお》が戻《もど》ったのだ。

そして私《わたし》は、ほそぼそと続けていたフリーランスの仕事をやめた。学校に行けないのなら、一緒《いっしょ》に家にいた方がいいだろう。

朝ごはんを食べると、外に登校班《はん》の子たちの声が響《ひび》く。

学校から聞こえてくるチャイムの音。

親として、この時間はちょっと辛《つら》い。

コウスケは家で静かにお絵《え》描《か》きをしたり、折り紙をしたり。

外に行って遊んでもいいのだけど、公園にいると、「学校はどうしたの」と聞かれそうだ。

ひとりぼっちで絵を描《か》いているコウスケを見ると、胸《むね》が締《し》め付けられた。

ボランティアの先生がいる科学博物館はそんなコウスケの居場所《いばしょ》になってくれた。

最初は「あれ、学校は？」と聞かれたけど、慣《な》れてきたら聞かれなくなったし、小《こ》柄《がら》なコウスケは幼稚園《ようちえん》児《じ》に間違《まちが》えられていたのかもしれない。

しかし、ずっと毎日通い続けるわけにもいかない。

そこで、国内のあちこちの学校を見学に行ってみることにした。

まずは保育園《ほいくえん》の園長先生が言っていた「山村留学《さんそんりゅうがく》」を調べてみた。

しかし、今年の募集《ぼしゅう》は既《すで》に終わってしまっているところがほとんどだった。

「みなさん、席を確保《かくほ》するために事前に申し込《こ》まれてますよ」

また、塾《じゅく》みたいなことを言われた。途中《とちゅう》からはダメなのだ。

次に、都会からの移住者を受け入れているという、地方の公立学校を見に行った。

日本海の海のそばにある学校で、漁師《りょうし》さんや農家さんの子どもたちが通う、生徒数が50人ほどの小さな学校だった。

人々《ひとびと》は都会よりもずっと子どもに優《やさ》しくて、私《わたし》はほっとしたが、そこの先生は東京の学校よりさらに怖《こわ》そうで、コウスケはあまり乗り気ではなさそうだった。


それから、飛行機に乗って、マレーシアの学校を見に行った。

2月だというのに、空港を出た途端《とたん》、ムアッとした南国の空気がまとわりつく。

日差しがスカッと明るく、椰子《やし》の木が並《なら》んでいる。

ドライバーさんが空港から荷物を運んでくれる。陽気な人で、コウスケに、「ウェルカム・トゥー・マレーシア！」と笑いかけてくれた。

マレーシアでは、まず、日本人学校に2週間だけ、体験入学をさせてもらった。

その学校では、校庭で大きい子と小さい子が一緒《いっしょ》にサッカーをやっていた。先生たちはみんな優《やさ》しそうで、コウスケはすぐにみんなと馴染《なじ》んで仲よくなった。

この学校なら、コウスケは楽しく過《す》ごせるかもしれない。

先生たちは「いつからでも歓迎《かんげい》ですよ」と言ってくれた。

次にマレーシアの幼稚園《ようちえん》に2週間、入れてみた。

コウスケは英語が全然話せないので、ジェニファーから、「まずは慣《な》れるために、幼稚園《ようちえん》から試したらどう？」と言われたのだ。

その幼稚園《ようちえん》はビルの2階にあって、外からはとても幼稚園《ようちえん》には見えない。校庭もなければ下駄箱《げたばこ》もない。マレーシア人だけでなく、ロシア人やイラン人の子どもがいて、朝から思い思いの格好《かっこう》で、絵本を読んでいる。教室の真ん中にはビーズの入ったクッションがあって、寝転《ねころ》んでいる子もいた。

「幼稚園《ようちえん》なんて、ぼくは行きたくないよ」

と言ったコウスケだけど、カラフルな教室を一目見た途端《とたん》に、すっかり興味《きょうみ》が湧《わ》いたみたいだ。

モジモジしていると、肌《はだ》の色がさまざまな子どもたちが、

「遊ぼうよ」

「大丈夫《だいじょうぶ》だよ、怖《こわ》くないよ」

と声をかけてくれる。

アッという間に子どもたちに連れられて、コウスケは教室の奥《おく》に消えていった。

1‐8 ―― ずっとここにいたい！

昼過《ひるす》ぎにコウスケを迎《むか》えに行ったら、いつまで経《た》っても、お迎《むか》えのロビーに出てこない。

見に行くと、新しくできた「お友だち」と言葉もわからないのに遊んでいる。

帰り道、タクシーの中でコウスケは、

「お母さん、ぼくは日本の学校には戻《もど》らない。ずっとここにいたい！」

と言った。

マレーシアの幼稚園《ようちえん》では、アルファベットや漢字、簡単《かんたん》な計算の時間があって、まさに学校みたいだった（ちなみに漢字は中国式の漢字で、日本の漢字と少し違《ちが》う）。

「そうは言っても、ここも学校は幼稚園《ようちえん》と違って厳しいかもしれないよ」

と言っても、

「それでもいいの」

と言う。子どもなりに、何かを感じているのだろうか。

後から知ったのだが、マレーシアでは公立学校のカリキュラムが厳《きび》しく、小学校に入る前に文字を読めるのが当たり前なのだそうだ。

2週間後、帰国するときに、コウスケはまた「ぼくはずっとここにいたい」と言って泣いた。園長先生に相談したら、この幼稚園《ようちえん》に入れるのは6歳《さい》まで。今年7歳《さい》になるコウスケは受け入れてもらえないという。

前は学校に行くのが嫌《いや》で泣いていたのに、今は帰るのが嫌《いや》で泣いている。

そう言えば、私《わたし》自身も、

「早くしなさい」

「静かにしなさい」

とコウスケを怒鳴《どな》ることが目に見えて減《へ》った。

ここでは、ちょっと子どもが音を立てたり、時間に遅《おく》れたくらいでめくじら立てて怒《おこ》る人は、少数派《しょうすうは》なのだ。

子連れで歩いていると、コウスケに笑いかけてくれたり、荷物を持ってくれたり、「ハロー」と声をかけてくれる人がいる。

コウスケが電車で物を落としても、歌を歌って私《わたし》が慌《あわ》てて「シッ」と言っても、周りの人は「ノープロブレム」と言う。「子連れで電車に乗るなんて」などと舌打《したう》ちされることは皆無《かいむ》だ。

私《わたし》も心が軽くなり、コウスケに少しだけ優《やさ》しくできるようになる。「子どもを連れて外を歩いてごめんなさい」と思わなくてもいい。

よし、とりあえずはマレーシアの学校を探《さが》してみよう。

さっそく夫に相談すると、「いいんじゃない。ちょっと試してみたら」と賛成《さんせい》だ。彼《かれ》は月のほとんどを京都で過《す》ごしているわけで、1か月に1回しか東京に戻《もど》れない。単身赴任《ふにん》しているのだ。

これまで会えていた回数が、1か月に1回から数か月に1回にはなってしまうけれど、夫にとってもコウスケの気持ちが何より大切だった。

こうして、我《わ》が家のマレーシア行きが決まった。1、2年母子だけで行ってみて、元気になったら戻《もど》ってくればいい。

1-9 —— 困《こま》っているのは今

帰国して2日ほど経《た》って夕食の支度《したく》をしていると、瑛子《えいこ》さんから電話がかかってきた。

「噂《うわさ》で聞いたんだけど、コウスケくん、『不登校』になっちゃったんだって？　どうするの」

「どうするって……」

言葉の端々《はしばし》から、「迷惑《めいわく》している」感じが痛《いた》いほど伝わってくる。そうなのだ。彼女《かのじょ》にとっては、優秀《ゆうしゅう》なカオルの従兄弟《いとこ》が、不登校では具合が悪いのだ。

思い切ってマレーシアのこと、打ち明けた方がいいだろうか。気が重いが、義父《ぎふ》母《ぼ》や私《わたし》の実家にも話をしなくてはならない。何しろ、コウスケは彼《かれ》らにとっては孫にあたる。

「マレーシアに行こうかなと思っていて」

「え、マレーシア？　どういうこと？」

「友だちがいるので、向こうのインターナショナル・スクールに入れてみようと思ってる」

全てを瑛子《えいこ》さんに説明するのが面倒《めんどう》で、私《わたし》は思いっきり端折《はしょ》って言った。

「そんなのダメよ。小さい頃《ころ》は母語をしっかりやらないと、『ダブルリミテッド』になるんだって。両方の言葉を十分理解《りかい》できなくて、あとで困《こま》るのよ。思考力も落ちてしまうよ」

そうは言っても、マレーシアの幼稚園《ようちえん》は3か国語を教えているし、ジェニファーの3人の子どもは、小さい頃《ころ》から英語とマレー語と中国語で育っているけれど、思考力に問題があるようには見えない。

私《わたし》の沈黙《ちんもく》にかまわず、瑛子《えいこ》さんは続ける。

「それに、マレーシアって、発展途上国《はってんとじょうこく》でしょ。衛生《えいせい》とか治安とか大丈夫《だいじょうぶ》なの。日本の方が教育レベルが高いのに、海外に行くなんてよくわからないわ。今漢字を覚えないと、後になって困《こま》らない？　中学受験に間に合うの？　遅《おく》れ、取り戻《もど》せると思う？」

「……どうしてそんなに先のことばかり考えるんですか！」

「……」

めずらしい私《わたし》の怒気《どき》に、瑛子《えいこ》さんは黙《だま》った。

「私《わたし》が困《こま》っているのは今なんです！」

コウスケは、今、目の前にある学校に行けていない。

おまけに友だちが1人もいない。

コウスケが「今」幸せであることの方が重要なのだ。

その夜、夫と2人で話し合った。

「瑛子《えいこ》さんは、漢字が書けなくなったら困《こま》ると言っていたわ」

「俺《おれ》は心配いらないと思うな。これからの時代は、漢字はコンピュータで打てるようになる。俺《おれ》の会社にもインド人がいるけど問題ないよ。コウスケは母語はもうしっかりしているし、今の時代は、漢字がきれいに書けるよりも大事なことがあるんじゃないか」

と夫はビジネスマンらしいことを言い、さらに、

「俺《おれ》はコウスケが海外に出て、多様な人と交流するのはいいことだと思う。多分、大きくなった頃《ころ》には、国際《こくさい》感覚がもっと重要になるだろう。親族の説得《せっとく》は俺《おれ》からするよ」と引き受けてくれた。

瑛子《えいこ》さんや夫の実家《じっか》は大反対だったが、「1年行くだけですから」と言って、なんとか夫が説得《せっとく》してくれた。

こうして、コウスケはマレーシアに行くことになった。

2

大冒険《だいぼうけん》と語学の壁《かべ》

2-1 ―― 長い旅に出るつもりで

担任《たんにん》の櫻井《さくらい》先生に
「学校をお休みして、しばらくマレーシアに行きます」

と言ったときには、一瞬《いっしゅん》、空気が凍《こお》った。

「え、転勤《てんきん》ですか」

「転勤《てんきん》じゃないのです」

「お仕事の都合ですか」

「いえ」

みんな質問《しつもん》のパターンは同じ。

「転勤《てんきん》ですか」「お仕事の都合ですか」だった。

仕事がなければ引《ひ》っ越《こ》しちゃいけないのだろうか？

でも先生は次に「いいかもしれませんね」と言った。きっと困《こま》っていたのだろう。

「1年くらい試しに行ってみますが、戻《もど》ってくると思いますので、そのときは、よろしくお願いします」

と、頭を下げた。これからどうなるかなんて、私《わたし》にだってわからないのだ。

瑛子《えいこ》さんの言う通りで、もしかしたら、うまくいかずにすぐに帰ってくるかもしれない。言葉の壁《かべ》があって、「やっぱり日本の学校がいい」と言い出すかもしれない。だから、そうだ、ちょっと長い旅行に出るつもりでいよう、と決めた。

終業式が終わると、荷造《にづく》りが始まった。

といっても、身近な荷物をトランクに詰《つ》め込《こ》むだけ。

大好きなＬａＱ《ラキュー》とか積み木とか、『かいけつゾロリ』の本もお気に入りの「コナン」の漫画《まんが》も入れた。

まだピカピカのランドセルは、日本においていくことにした。

こうして、終業式が終わった1週間後、私《わたし》たち一家3人は、トランクを3つ持って、羽田空港に向かった。

夜に東京を出て、翌朝《よくあさ》、マレーシアに到着《とうちゃく》する便だ。

「大冒険《だいぼうけん》の始まりみたいだね」

コウスケは、家族みんなで、夜遅《よるおそ》くまで起きてられるので、嬉《うれ》しそう。

羽田空港でみんなで最後にお寿司《すし》を食べて、搭乗口《とうじょうぐち》に向かった。

2-2 —— ゴキブリで大騒《おおさわ》ぎに

飛行機は朝の6時ぴったりに、マレーシアの首都、クアラルンプールに到着《とうちゃく》した。

マレーシアは東南アジアにある常夏《とこなつ》の国だ。

空港に着くと、グレーや黒、茶色の服を着た日本人の姿《すがた》は少なくなり、突然《とつぜん》、色がカラフルになる。

インドのパンジャビ・スーツを着た人、イスラムのヒジャブを被《かぶ》った人、長い髭《ひげ》を生やして、ターバンを巻《ま》いたシク教徒の人々《ひとびと》――。

生まれたばかりの赤ちゃんを連れた人もいる。マレー系《けい》、華人《かじん》、インド系《けい》と3民族が住んでいて、さらには少数民族がたくさんいて、宗教《しゅうきょう》もイスラム教、キリスト教、仏教《ぶっきょう》、ヒンズー教とさまざまだ。

3人とも、機内で着ていた重いコートをしまって、トイレでTシャツと半ズボンになる。

空港を一歩出ると、タクシーに重い荷物を乗せて、最初の宿に向かった。椰子《やし》の木がたくさんあるプランテーションが続く。道路が広い。

クアラルンプール郊外《こうがい》にある、小さなコンドミニアムを借りた。コンドミニアムというのは、マンションみたいなものだ。

部屋はキッチンのついた小さな居間《いま》と、暗い洗面所《せんめんじょ》とシャワールーム、ベッドルームが2つあった。窓《まど》からはプールが見える。

「プールがある！」

とコウスケは言った。

「うん、後で行っておいで」

と私《わたし》は答えた。

みんな疲《つか》れていたけど、寝《ね》る前に、近所のショッピングモールの地下にご飯を食べに行った。インド料理、中華《ちゅうか》料理、マレー料理、タイ料理——どこも人でいっぱいで、美味《おい》しそう。イオンにあるフードコートが近いといえば近いだろうか。

夫は「ここで食べない？」と誘《さそ》ったけれど、コウスケは「壁《かべ》のないレストランは嫌《いや》だ」と言う。その後、コウスケも段々《だんだん》と「壁《かべ》のないレストラン」に慣《な》れていくのだが、この時は、上の階にあるハンバーガーのあるレストランに行くことになった。

３人の合計で１５００円くらい。日本より少し安いくらいだろうか。

物価《ぶっか》が安いというだけでも、気持ちが楽になる。

食事をしたら、コウスケもさすがにクタクタで、クーラーをつけて寝《ね》る準備《じゅんび》をしはじめた。

すると、洗面所《せんめんじょ》から「わー！」という夫の叫《さけ》び声が。

「巨大《きょだい》ゴキブリがいる！」

それからみんなで大騒《おおさわ》ぎしながら、台所にある洗剤《せんざい》を撒《ま》いたところでやっと退治《たいじ》できた。

ほっとしたとたん、コウスケはゲラゲラと笑い出した。

「どうしたの⁉」

「家族でワイワイできて楽しいよ。またゴキブリ出ないかな」

コウスケは久《ひさ》しぶりに大笑いしたのか、心からの笑顔《えがお》を見せてくれた。

「冗談《じょうだん》じゃないわよ」

私《わたし》はそう答えつつ、彼《かれ》の笑顔《えがお》が嬉《うれ》しかった。

2-3 ―― まずは、学校を探《さが》そう

さあ、学校を決めるぞ。

そうはいうものの、わからないことが多すぎるので、まずはかたっぱしから学校

に電話をかけて、どういうところか聞くことにした。

一応《いちおう》、友人のライアンが、「公立学校とインターナショナル・スクールがあるけど、コウスケにはインターがいいと思う。公立学校は詰《つ》め込《こ》み教育だし、マレー語を含《ふく》む3か国語が必須《ひっす》で難《むずか》しい」とお薦《すす》めの学校を教えてくれた。

電話をかけて面白《おもしろ》かったのは、コウスケの年齢《ねんれい》を伝えると、ある学校では1年生なのに、別の学校では3年生だったりしたこと。

学校によって入学年齢《ねんれい》がちがうのだ。

ほかにも問題があった。それはコウスケが英語ができないことだ。

案の定、電話をすると、いくつかの学校は、

「コウスケくんは英語は話せるのですか。うちは、英語が話せるお子さんしか受け入れていないんですよ。ソーリー」

と、ほぼ全滅《ぜんめつ》。

しかしよく探《さが》していくと、入れてくれそうな学校もあった。

ただし、「うちは悪いことをした子はケーン（棒《ぼう》）で叩《たた》きます」という学校や、

「今いる日本人と韓国人《かんこくじん》も英語が弱くて困《こま》っています」と言われる学校も多く、それから、日本の学校のように規律《きりつ》にうるさそうな学校も少なくない。

「うちは教科書は使いません。1年生からインターネットで調べて発表してもらいます」という学校は面白《おもしろ》そうだけど、年間学費《がくひ》が100万円超《まんえんちょう》で予算オーバーだった。

「いろんな学校があるのねえ」

私《わたし》がグッタリとしていると、

「ぼくの行ける学校、あるのかな……」

コウスケが心配そうにする。

よく調べずにきてしまって、失敗だったかもしれないな……。そう思いながらも、これだけ多様な学校があるのには驚《おどろ》きだった。

学校がたくさんあるのだから、きっと大丈夫《だいじょうぶ》。

その学校は1週間後に見つかった。

クアラルンプールからは1時間ほどのところ。

新しいインド系《けい》のインターナショナル・スクールだ。

一歩足を踏《ふ》み入れたら、冷房《れいぼう》はなく、校舎《こうしゃ》を南国の風が吹《ふ》き抜《ぬ》けていく。緑色の制服《せいふく》を着た子どもたちがワーワー言いながら、廊下《ろうか》を走り回っていた。案内してくれたフィリピン人の事務《じむ》の女性《じょせい》は、

「もしよかったら、コウスケくん、授業《じゅぎょう》に参加してみますか？」

と優《やさ》しく聞いてくれた。

「今、ですか？」

「はい、今です」

「コウスケ、どうする？」

と聞いたら、うなずいたので、1時間だけ、参加することになった。

「英語が話せないけど、大丈夫《だいじょうぶ》ですか」

「大丈夫《だいじょうぶ》。子どもはコミュニケーションの天才です！」

先生はニコニコしている。

新設校《しんせつこう》のため1年生は9人しかいない。クラスメートは、ほとんどがマレーシア人。ほかにはバングラデシュ人、サウジアラビア人、フィリピン人、韓国人《かんこくじん》がいた。

授業《じゅぎょう》が終わったコウスケは、明るい顔で目を輝《かがや》かせて出てきて、

「ぼく、この学校がいい」

と言う。夫も私《わたし》も賛成《さんせい》だった。子どもたちの顔が明るかったのだ。

校舎《こうしゃ》がシンプルなためか、学費《がくひ》も年間40万円と一番安い。クラスに日本人がいないので、英語も早く上達するだろう。あとは入れるかどうかだ。

なぜかというと、この後になんと「入学試験」があるのだ！

2-4 ―― 生まれて初めて「試験」を受けた！

次の週、コウスケにとっては生まれて初めての試験があった。

算数と英語。もちろんテストの準備《じゅんび》は何もしていない。

それにしても、英語が全然できないコウスケが、どうやって試験を受けるんだろう？

そう思っていると、どうやら、同じ学校で中学生の日本人のお姉さんが、授業《じゅぎょう》を休んで、試験会場にやってきて手伝ってくれるという。

ミウちゃんという優《やさ》しそうな女の子で、つい半年前にこの学校にきたばかりだということ。問題を日本語に翻訳《ほんやく》してくれるらしい。

「手伝ってもらうなんて、アリなのかな?」

と思ったけれど、学校がいいと言うのなら、いいのだろう。

テストが終わり、出てきたコウスケに「どうだった?」と聞いたら、「ぜんぜん、わかんなかった」と少ししょんぼりしていた。

やっぱり難《むずか》しかったかな……。

しょんぼりしたコウスケと帰ろうとすると、校長先生が出てきて、ニコニコしながら、「いつからきますか。合格《ごうかく》ですよ」と言う。

私《わたし》はびっくりした。

こんなにあっさりで、いいのだろうか?

英語はまるでわからないのに。

瑛子《えいこ》さんがよく言っていた「お受験」とは全然違《ちが》い、準備《じゅんび》なんて何もしていないし、採点《さいてん》時間が短い。

なんと言うか、テキトーそうな、よく言えば、なんでもアリな学校だ。

「しかし、英語ができないから、1学年落として、1年生のクラスに入ることになります。あと、毎日、英語の補習《ほしゅう》が1時間あります」

1年生のクラスに2年生を入れるのか。つまり、年下の子たちと一緒《いっしょ》に学ぶ。

「ぼく、1年下に入るのはちょっと嫌《いや》だな」

とコウスケはまた言った。

学校の方はそんな表情《ひょうじょう》にはおかまいなし。

「コウスケくんのサイズの制服《せいふく》の在庫《ざいこ》がないんです。だから明日は、私服《しふく》できてください。あと、英語の教科書が品切れなので、入り次第お伝えします」

教科書が品切れ。

なんというテキトーな感じ。

逆《ぎゃく》にすごいな。そう思った。

2-5 ―― ノープロブレム

ここで夫が仕事のため帰国することになった。

マレーシアに住むためには「ビザ」と呼《よ》ばれる書類が必要なのだが、学校のビザは子ども1人につき大人1人しか出ないので、夫婦片方《ふうふかたほう》しか住むことができない。

それに、サラリーマン家庭のうちは、どちらかが働かないと、生活できない。

夫が帰る日、コウスケは空港で別れた後にわんわん泣いた。

知らない街に、息子《むすこ》と2人。2人でずっとマレー語のテレビを見たけど、全然意味がわからない。

私《わたし》もちょっと心細くなったが、そうは言っていられない。

学校が決まれば、次は家だ。

できるだけ学校に近いところに小さな赤い屋根のコンドミニアムを見つけ契約《けいやく》を済《す》ませる。ちょっと古いけれども、2人ならゆったり暮《く》らせそうだ。

マレーシアの朝6時半は、まだ真っ暗。

心細く思いながら学校のバスを待っていると、初日なのに10分ほど遅《おく》れてきた。

バスがくるのかと思ったら、やってきたのはかなりオンボロなセダン。

運転手はインド系《けい》のラージという若《わか》い男性《だんせい》だ。

「学校に遅刻《ちこく》しませんか」

とあせる私《わたし》に、

「ノープロブレム。マダム」

と言って、笑った。

狭《せま》いセダンにぎゅうぎゅう詰《づ》めで乗る。コウスケのほかにインド系《けい》の子が2人、中華系《ちゅうかけい》の子が2人。

これは、人数オーバーじゃないのかな……と思ったけど、ラージさんが、

「オッケーオッケー。ノープロブレム」

と言う。大丈夫《だいじょうぶ》だろうか？

3 のんきな学校とゴキブリの館

3-1 英語がわからない

子どもが学校から帰ってくる瞬間《しゅんかん》はいつもドキドキする。

私《わたし》は大きな椰子《やし》の木があるコンドミニアムの前で待っていた。

ところが、コウスケは待てど暮《く》らせど、戻《もど》ってこない。

予定時間を30分ほど過《す》ぎた頃《ころ》、ようやくオンボロセダンが姿《すがた》を現《あらわ》し、コウスケが1人、とぼとぼと降《お》りてきた。しょんぼりしていて、背中《せなか》のリュックがやけに大きく見える。

「どうだった」と聞くと、

「お友だちが何を言っているのか、よくわかんなかった」

と一言。

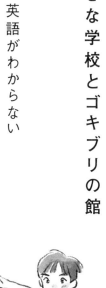

まあ、そうだよね……。

小さな肩《かた》を抱《だ》きながらコンドミニアムの玄関《げんかん》を抜《ぬ》けると、ネパール人の守衛《しゅえい》さんがニコニコしてコウスケに「ハロー!」と手を振《ふ》ってくれる。コウスケは恥《は》ずかしそうに「ハロー」とだけ言った。

「すごい、ハローって言えるじゃない」

「うん!」

守衛《しゅえい》さんに英語が通じて、心なしか少しだけコウスケは元気になった。

その日は、彼《かれ》の大好きな仮面《かめん》ライダーのDVDを2人で見た。「変身」のポーズを一緒《いっしょ》に練習して、夕方涼《すず》しくなるとプールに行った。

マレーシアは暑い。だから、昼間はみんな家の中にいて、だいたい夕方になって、日が少し陰《かげ》った頃《ころ》から泳ぎ始める。

椰子《やし》の木の見えるプールサイドで、2人でのんびり夕日を眺《なが》めていると、まあいっかな、という気持ちになるから不思議だ。まだまだ学校には馴染《なじ》めないし、英語はできないけど、なんとかなる気がする。

夕方の祈《いの》りの時間を知らせ礼拝《れいはい》を呼《よ》びかけるアザーンの声が、近くのモスクから聞こえてくる。ああ、本当に遠くに来てしまったのだなと思う瞬間《しゅんかん》だ。

近くで遊んでいたインド系《けい》らしき子どもたちが、キャーキャー言って水遊びをしている。いつのまにか、コウスケも混《ま》じって遊び出した。子どもは、言葉ができなくても友だちになれるのだ。子どもたちのお母さんが、こちらを見てニコッと笑った。私《わたし》も会釈《えしゃく》を返す。

さっきまでは、この広い世界にたった2人きりでいるような心細さを感じたけれど、ふと周りの人を信頼《しんらい》して頼《たよ》ってもいいのかもしれないと思った。

3-2 —— みんな大好き仮面《かめん》ライダー

次の日のコウスケは、しょんぼりした気配が消えて、どことなく元気だった。

「今日もやっぱり英語がわかんなかったよ」と言いつつも、「でもみんな一生懸命《いっしょうけんめい》話しかけてくれる。仲間に入れてくれた」と嬉《うれ》しそうだった。

「ぼくが休み時間に仮面《かめん》ライダーの絵を描《か》いていると、みんなが周りに集まってきて、『ギブミー』って言うんだよ」

「仮面《かめん》ライダーの絵をほしがるの？　なんでだろう」

後でテレビをつけてその理由がすぐわかった。

夕方には、テレビの3チャンネルで、マレー語に吹《ふ》き替《か》えた「仮面《かめん》ライダー電王」が放送されていた。モモタロスが「俺《おれ》、参上」の代わりに「サヤ・ダタン！（私《わたし》はきた！）」と言うのは変な感じだ。

日本人の子どもが好むコンテンツが、世界中で子どもたちに共有されているのはなんというか、誇《ほこ》らしさ以上に切実にありがたい。見知らぬ日本人に助けてもらっている気持ちになる。

テレビを見ながら、気になることをそっと聞いてみた。

「英語がわからなくて辛《つら》かった？」

「まあ、ちょっとは。でもぼくは大丈夫《だいじょうぶ》だよ」

「そうなの？　無理してない？」

「だって先生がハグ（抱《だ》っこ）してくれるんだ」

驚《おどろ》いた。

小学校の先生が、子どもをハグするのか。

別の日はこう言った。

「今日はね、ぼくだけじゃなくて、みんなが先生になった。ぼくは日本語、アンディが韓国語《かんこくご》で、ムハマドはみんなにアラビア語を教えているの。うちのクラスの外国人はぼくだけじゃなくて、いろんな子がいるんだ。すごく楽しかった！」

そうか。コウスケひとりだけじゃないんだ。

後で担任《たんにん》のミス・マーヴィンドーはこう解説《かいせつ》した。

「うちのクラスには、さまざまな国からきているお子さんがいます。それぞれの子に自分の国のことを教えてもらうと、言語や世界のことを学べます。これを私《わたし》は『教材としての生徒の背景《はいけい》』と呼《よ》んでいます。私《わたし》も子どもたちから教えてもらえるので楽しいのです」

「教材としての生徒の背景《はいけい》」か。

初めて聞く言葉だったけれど、こういう考え方は世界の教育界では一般的《いっぱんてき》らしい。

確《たし》かに、せっかく多様な背景《はいけい》を持った子どもがいるのなら、その子を先生としたら、生きた学びになるだろう。ならば多様性《たようせい》があるのは、いいことだ。

3-3 ―― クレバー・ボーイ！

それにしても、先生やお友だちが、とにかくコウスケを学校に馴染《なじ》ませるように、温かくしてくれるのが、毎日の話から伝わってきた。

ミス・マーヴィンドーは怒《おこ》ると怖《こわ》いらしいが、普段《ふだん》は愛情《あいじょう》に溢《あふ》れる先生みたいだった。

「ぼくをハグしてくれるし、みんなのいいところを穴《あな》のあくほど見てくれる！」

コウスケが仮面《かめん》ライダーが大好きなことも、わんぱくなことも、おしゃべりなことも、みんな知っている。子どもにとっていい先生とは、愛情《あいじょう》を持って一人ひとりをよく見てくれる先生かもしれない。

緊張《きんちょう》していたコウスケの表情《ひょうじょう》はだんだん柔《やわ》らかくなり、ポツリポツリと、ほかの子どもたちの名前が出るようになった。誰《だれ》もコウスケを仲間はずれにしないのだ。

3週間後には学校から帰ってくるなり、こう言った。

「ママ、この学校はすごいよ！」

私《わたし》の返事を待つまでもなく、目をキラキラさせてコウスケは続ける。

「校長先生は、朝登校すると子どもたちを待ち構《かま》えているの。ぼくが荷物を持って、教室に行く階段《かいだん》をのぼっただけで『クレバー・ボーイ』ってほめてくれるんだ。ぼくはただ、階段《かいだん》をのぼっただけなのに！」

コウスケはそれからポツリと言った。

「ぼく、日本の学校ではほめてもらったことがないんだよね……」

翌日《よくじつ》は、こんな話をした。

「学校ではね、いつトイレに行ってもいいんだよ。でもたまに行ったまま帰ってこない子がいる……」

「へえ」

「そういう子は先生が追っかけて行って、お仕置きするんだよー」

「ちょっと怖《こわ》いね」

「うん。でもね、面白《おもしろ》いところもあるんだ。先生の方は教室の机《つくえ》の上で、バナナを食べている」

のんきな学校だなぁ。私《わたし》は先生の姿《すがた》を想像《そうぞう》して、思わず笑ってしまった。

「コウスケ、夕方になったし、プールに泳ぎに行こうか」

「やったー！」

プールサイドで、白いベンチに腰掛《こしか》けてボーッとする。

コウスケはマレーシアにきてから、あっと言うまにおしゃべりなコウスケに戻《もど》って、生き生きとし始めた。

それにしても、階段《かいだん》をのぼっただけでほめてくれる校長先生が日本にいるだろうか。夕日を見ながら、本当にきてよかったと感じた。

3-4 ―― 学校で暇《ひま》つぶしする親たち

さて、学校から「1週間で届《とど》きます」と言われた英語の教科書は、2週間たち、

3週間経《た》っても、なかなか届《とど》かない。

教科書がないなんて、大丈夫《だいじょうぶ》なんだろうか？

そう思ったけど、先生が気にしている様子はない。

そこで、学校バスに乗って、さいそくついでに様子を見に行くことにした。

校舎《こうしゃ》に一歩入ると、少し涼《すず》しくなる。事務所《じむしょ》に行って、「教科書はまだですか」と聞いたけど、フィリピン人のリサは、「まだみたいですねぇ」と言うばかり。

この国では文句《もんく》を言っても仕方がない。帰りのバスの時間まで、半地下にある大きな食堂《しょくどう》で待つことにした。

どうやら、学校に様子を見にきているのは私《わたし》だけではなかった。ほかにもインドのサリーを着たお母さんや、中華系《ちゅうかけい》の蒸《む》し器みたいなステンレスの食器を抱《かか》えたお母さんなど、父母がぽつん、ぽつんと待機している。

ふと、「もしかして、コウスケくんのお母さん？」と英語で話しかけられた。

あれ、日本人？　と思うほど、着こなしが日本の人々《ひとびと》に似《に》ている。

「うちのアンディがいつもコウスケの話をしてます」

と彼女《かのじょ》は言った。韓国人《かんこくじん》のアンディのお母さんだ。韓国人《かんこくじん》にはマレーシア母子留《りゅう》学《がく》がはやっており、この学校にも20組ほどいた。

「キムパプ（韓国《かんこく》風の海苔《のり》巻《ま》き）があります。よかったら、一緒《いっしょ》に食べませんか」と誘《さそ》ってくれた。

初めて食べるキムパプは、とても美味《おい》しかった。

アンディも韓国《かんこく》の学校に馴染《なじ》めず、マレーシアにやってきて、学校の側《そば》にあるコンドミニアムに母子で住んでいる。その辺りは韓国人《かんこくじん》が多く、毎日韓国《かんこく》料理を作っているそうだ。

話していると、パンジャビ・スーツをきたインド系《けい》のお母さんや、中華《ちゅうか》系《けい》の食器を持ったお母さんが「あなたが、コウスケのお母さん？　私《わたし》たちも同じクラスだよ！　よろしくね」とやってきた。

みんな、なんで学校にきているの？　と聞いたら、「プールの着替《きが》えを手伝うため」だという。

「コウスケくんは、一人で着替《きが》えができて、えらいね！　すごく独立《どくりつ》してるね！」

とほめられる。

な、なんと。一人で着替《きが》えができるだけで、ほめられるのか！

驚《おどろ》きだ。

さすがにきているのは低学年の親だけで、高学年になると着替《きが》えができない子はいない。

できないことは、少しくらい手伝ってもいい、そういう考えなんだな。

毎日、3人もメイドさんを引き連れてくるインド系《けい》の同級生もいるそうだ。

しばらくすると、10時のスナックタイムになって、子どもたちがギャーギャーさけびながらやってきた。この学校の子たちは、ほんとに元気で、うるさいのだ。

コウスケは、アンディと2人で走り回っている。

インドの民族服をきた女性《じょせい》が近づいてきて「コウスケくんのお母さんですか」と言った。担任《たんにん》のミス・マーヴィンドーだった。ベテランらしく貫禄《かんろく》があるが、目の奥《おく》が優《やさ》しい。

「コウスケくんは、素晴《すば》らしい才能《さいのう》の持ち主ですね。絵も歌もとても上手《じょうず》です」

「ありがとうございます。おかげでだんだん馴染《なじ》んできたみたいです。でも、あの、先生。コウスケは英語がまだまだわかりません。とても心配です」

「安心してください。英語がわからなくても、クラスのみんなは、コウスケのことが大好きです。人間関係があれば、大丈夫《だいじょうぶ》。必ずしゃべれますよ」

コウスケのことが大好き。

日本ではあんなに怒《おこ》られて注意されてばかりだったのに。

心がじんと震《ふる》えて、私《わたし》まで元気になるようだった。

ミス・マーヴィンドーはアンディやほかのお母さんのところに行っては、やっぱりほめている。

「この学校の先生は、ほめるところはないかと、とにかく、子どもたちをよーく見ているんだ」

コウスケが言っていた通りだ。

振《ふ》り返ってみてわかるのだが、このことはデタラメやテキトーではなかった。

「居心地《いごこち》のよさ」は先生の作戦であり、立派《りっぱ》な教育方針《ほうしん》だったのだ。

コウスケはしばらく友だちと走り回っていたが、ちょっとだけ水を飲んで、またいなくなっていた。

ふと探《さが》すと、中学生のサッカーに混《ま》ぜてもらって一緒《いっしょ》にプレーしていた。

なんと、同じ小学1年生のアンディがゴールキーパーをやっているではないか。

心底びっくりした。

学校の休み時間や放課後に、中学生と小学生が一緒《いっしょ》に遊ぶんだ。そんなのがアリなのか。

コウスケの日本の小学校では、1年生のときから2年生の「先輩《せんぱい》」にはお辞儀《じぎ》をした。「生意気だ」といじめられた1年生もいた。「1年生は2年生の言うことを聞くんだぞ」と言う2年生もいたそうだ。

ここでは中学生たちは小さい子を嫌《いや》がらず、仲間に入れて、遊んでくれている。

本当に驚《おどろ》くことばかりの学校見学だった。

3-5 ―― ゴキブリが出るマンション

その週末に、先月契約《けいやく》したコンドミニアムに引《ひ》っ越《こ》した。

引《ひ》っ越《こ》しといっても、日本から持ってきたトランクを移動《いどう》するだけ。簡単《かんたん》だ。マレーシアのコンドミニアムは、家具があらかじめついているから、何も買わなくても生活が始められる。うちは半分ほどの家具がついているスタイルだ。

今度の住まいは8階で、窓《まど》から椰子《やし》の木とプールが見える。

ところが、このマンションにはちょっとした問題があった。

まず台所がなかった。前の住人は誰《だれ》も料理をしなかったようで、ガス台がついてない。大家さんに相談すると、台所はベランダに設置《せっち》してほしいという。なぜかというと、家の中で料理をすると部屋が汚《よご》れるから！

そこで、近所の電器店に歩いて行って、ガス台をひとつ買った。

それなのに、この台所は強風の日には風でガスが煽《あお》られてしまい、うまく料理ができないことが判明《はんめい》した。そういう日は、面倒《めんどう》だから外食だ。

引《ひ》っ越《こ》しの日、各階に設《もう》けられているゴミ捨《す》て場を開けたら、さささささっと、黒いものが動くのが見えた。

目の錯覚《さっかく》であってくれと願ったが、そうはいかないのが現実だ。

そう、ここはゴキブリが多いマンションだったのだ。

荷解《にと》きをしていたら、ゴキブリが出てきた。キャーキャー言いながら追っかけていたら、窓《まど》から逃《に》げていった。

コウスケがすこぶる嬉《うれ》しそうに言う。

「ねぇママ、ここの生活って贅沢《ぜいたく》だね」

「へ？　まだ家具も揃《そろ》ってないけど、なんで？」

「学校は楽しいし、ゴキブリが出る！」

「はぁ？　なんでゴキブリが出ると贅沢《ぜいたく》なわけ？」

「だってゴキブリが出ると超盛《ちょうも》り上がるじゃん。キャーキャー言って楽しめるじゃん。まるで『怖《こわ》い話』みたいに楽しいじゃん。ぼくはこれは贅沢《ぜいたく》だと思うんだよね」

「…………」

絶句《ぜっく》してしまった。ゴキブリを贅沢品《ぜいたくひん》に数える人間がいるとは！

何はともあれ、楽しんでくれているのは嬉《うれ》しい。

3-6 ―― 勉強は、詰《つ》め込《こ》み式だった！

ようやく英語の教科書が届《とど》いて、本格的《ほんかくてき》な授業《じゅぎょう》がはじまった。

英国式のこの学校では、たくさんのことを学ぶので驚《おどろ》いた。

1年生の科目は、英語（文法、リーディング、ライティング、詩と散文、単語）、算数、科学、地理、体育、美術《びじゅつ》、音楽、コンピュータ、マレー語、中国語。

1年生なのに、英語とマレー語、中国語を全員が学ばなければいけない。

毎日ノートにぎっしり文字を書いてくる。

こんな「詰《つ》め込《こ》み式」でも、なぜかコウスケが嫌《いや》がらないのは、先生や友だちとの人間関係があるからだろう。

しかし公立学校は、さらに大変なんだそうだ。

一方で、アメリカ式やオーストラリア式などの学校はもっと緩《ゆる》やかだそうで、ある中華系《ちゅうかけい》のお母さんは、

「うちの子の学校は宿題もないし、教科書もないから、子どもが学校で何をしているか全然わからなくて困《こま》るのよ」

と言っていた。


教科書が届《とど》くと同時に、放課後の英語の補習《ほしゅう》クラスが始まった。

この補習《ほしゅう》クラスを担当《たんとう》する先生が厳《きび》しいらしい。

イギリス人のスー先生は、毎日のように綴《つづ》りのテストをし、正答しないと、「どうしてこんな簡単《かんたん》なことができないの」と怒《おこ》る。

韓国人《かんこくじん》のアンディは、これが嫌《いや》でよく泣いていた。

「スー先生の授業《じゅぎょう》は本を読むばかりで、すっごく退屈《たいくつ》。ちっとも面白《おもしろ》くないよ」

とコウスケは文句《もんく》を言った。

このままでは英語が嫌《きら》いになってしまう。

どうしたらいいんだろう。

アンディのお母さんはついに、スー先生に「小さい子どもたちに、こんなにたくさんの単語を教える必要があるんでしょうか」と文句《もんく》を言った。しかし「ほかの子は幼稚園《ようちえん》から勉強してもっと先に進んでいます。このままじゃ永遠《えいえん》に授業《じゅぎょう》についていけませんよ。ちゃんとアンディに綴《つづ》りを覚えるように指導《しどう》してください」と逆《ぎゃく》に叱《しか》られてしまったそうだ。

そんなある週末、近所でバスを待っていたら、カラフルなパンジャビ・スーツを着たインド系《けい》の女性《じょせい》がニコニコしながらコウスケに「こんにちは」と話しかけてくれた。

話してみたら、幼稚園《ようちえん》の先生だという。バスがなかなかこないので、コウスケが英語に苦労している話をしてみたところ、

「お子さんは、フォニックスはやりましたか？　先に発音を学んだら、きっと綴《つづ》りを覚えるのも楽になると思いますよ」

「フォニックスってなんですか」

「英語の発音の規則《きそく》です。もしよかったら、私《わたし》が教えてあげましょうか」

と言い出した。

女性《じょせい》はミス・カラといって、近所に住んでいるという。さっそく、電話番号を交《こう》換《かん》して、ミス・カラの家に行って、週末に「フォニックス」を習うことにした。

ついでに、マレー語も初歩から教えてもらうことにした。どうもうちはインド系《けい》と縁《えん》があるみたいだ。

初日には、勉強が終わるとミス・カラは妹と一緒《いっしょ》にチャパティをこねて焼いてくれ、インド式では手を使って食べるのだと教えてくれた。

私《わたし》とコウスケも真似《まね》してみたけれど、手でカレーをこぼさずに口に運ぶのはなかなか難《むずか》しかった。

3-7 ――「違《ちが》う」ことがいいことなのか？

ミス・カラのレッスンを受け始めて数か月すると、綴《つづ》りと音の関係がわかってきたらしく、コウスケの綴《つづ》りは目に見えて間違《まちが》いがなくなっていった。

英語がわかるようになってきたこともあり、この頃《ころ》のコウスケは帰ってくるなり、

「学校が楽しすぎる！　ぼくはずっとこの学校にいる！」

と言うようになった。

「どんなふうに楽しいの？」

「まず授業《じゅぎょう》が楽しい。マーヴィンドー先生はいつも冗談《じょうだん》を言って笑わせてるんだ」

「そこまで英語がわかるようになったの？」

「みんなが大笑いするから、なんとなくでもわかるんだよ」

先生たちが、「この場所にいていい」という雰囲気《ふんいき》を作ってくれているおかげだな、と私《わたし》は思った。肩身《かたみ》がせまい思いをしなくていいのだ。

全部わからないのに、楽しめるなんてすごいじゃないか。


ある日、コウスケがこんな話をしてきた。

「あのねぇ、エドウィーナはまだ5歳《さい》だけど、頭がいいから入ってきたんだって。

アディティアはもうすぐ8歳《さい》だけど、あんまり勉強が好きじゃなくて、お母さんがゆっくり学校に行きなさいって」

「へー、1年生でも、年齢《ねんれい》が違《ちが》う子がそんなにいるの?」

「年齢《ねんれい》だけじゃないよ。韓国《かんこく》の子、サウジアラビアの子、バングラデシュの子、フィリピンの子がいる。違《ちが》うのは、いいことなんだって!」

へえっと思わず声が出た。

「日本だったら、日本語ができない外国人がクラスにいたら、迷惑《めいわく》だとまでは言われなくても、先生は面倒《めんどう》だと思うだろうにね……」

「そうそう、先生は『多様性《たようせい》はいいことです』って言って歓迎してたよ。多様性《たようせい》というのは、みんなが違《ちが》っていいってことで、だからその分、色々《いろいろ》教えてもらえるんだ。ぼくは1人だけ日本人だけど、違《ちが》うからいいんだって!」

そんなことを1年生でも教えるのかとびっくりした。いや、年齢《ねんれい》は関係ないのかもしれないなと思った。

クラスには、日本のアニメや漫画《まんが》が好きで、自主的に日本語を勉強しているとい

う子もちらほらいた。仮面《かめん》ライダーのカードを持っていったら瞬《またた》く間に大人気にな
り、コウスケは「ママ、友だちのアディティアにカードをあげていい？」と言って、
何人《なんにん》かの友だちにプレゼントしていた。
一方で、韓国《かんこく》のアイドルが大好きな子や、インドの映画《えいが》が好きな子もいる。
違《ちが》う国の人とお互《たが》いの文化について学ぶことができる環境《かんきょう》が、コウスケにとって、
楽しい刺激《しげき》になっているようだった。

3-8 ―― 民族ごとのお祝いを全員で祝う

そうこうしていると、イスラム教のラマダン月がはじまった。
ラマダン月とはイスラムの月の呼《よ》び名で、この時期、イスラムのクラスメートた
ちが断食《だんじき》する。日の出から日暮《ひぐ》れまで、飲食をしないのだ。
ラマダンの時期の夕方になると、みんなが急いで家やレストランでご飯を食べよ
うとするために、道路が大混雑《だいこんざつ》する。
「クラスメートのアイシャはマレー系《けい》で、断食《だんじき》をする。ムハマドはサウジアラビア

からきたイスラム教徒。彼《かれ》は、普段《ふだん》から豚《ぶた》やアルコールを含《ふく》むものは食べない。断食《だんじき》している子たちは、スナックタイムやお昼の時間は、別の部屋に集まって過《す》ごすんだよ」

とコウスケは言った。

そういえば、コウスケのお弁当《べんとう》も、豚肉《ぶたにく》やアルコールが入っているものは、入れないよう注意があった。例えば、ベーコンや豚《ぶた》入りのハンバーグを持たせてしまうと、子ども同士《どうし》が知らずに交換《こうかん》してしまうらしい。だから、気をつけたほうがいいのだとアンディのママが言っていた。

日本から買っていくお土産《みやげ》にも、ゼラチン（原料に豚《ぶた》をふくむものが多い）やアルコールが入っていることがあるので注意だ。

リシープリアの家はヒンズー教で、牛と豚《ぶた》は食べない。学校にはさらにベジタリアンの子がいるので、ベジタリアン用のランチも売っていた。

かと思うと、同じイスラム教でも、食べるものを気にしていない家もあるみたいだった。「イスラム教だから、あなたはこう」と決めつけるのが難《むずか》しい。実際《じっさい》には一人ひとりに聞いてみないとわからない。

この「決めつけるのが難《むずか》しい」はこの後も何度も痛感《つうかん》することになる。


ラマダン月が終わると、ハリラヤの休暇《きゅうか》の準備《じゅんび》がはじまる。マレーシアで最も盛大《せいだい》に祝われるのがハリラヤで、これはイスラム教徒にとってのお正月のようなものだという。

ハリラヤになると、学校は1週間の休暇《きゅうか》になるのだが、この時期になると、「オープンハウス」といって、気軽な食事会を家でひらく人もいる。

マレー系《けい》の同級生のアイシャのお母さんが家に招待《しょうたい》してくれたので、お菓子《かし》を買って訪《たず》ねた。

部屋が7つもあって、6人家族でインドネシア人のお手伝いさんがいる。「豪邸《ごうてい》だな」と思ったら、ここでは平均的《へいきんてき》な家らしい。

次から次へとナシゴレン（チャーハン）やミーゴレン（焼きそば）や、マレーのクエ（お菓子《かし》）を勧《すす》められる。すぐにお腹《なか》がいっぱいになってしまった。

そんなハリラヤの休暇《きゅうか》の前には、クラス全員で、ハリラヤの緑と黄色の飾《かざ》りを作るアクティビティがあり、クラスを飾《かざ》り付けたそうだ。

のちに分かったことは、クリスマスや中華《ちゅうか》正月も同じように、全員でその意義《いぎ》を学んだり、飾《かざ》り付けをしたりする。

例えば、中華《ちゅうか》正月になると、中国ルーツではない人々《ひとびと》も一緒《いっしょ》になって、チャイニーズの赤い服を着て、中国語で「ゴンシーファーツァイ」とお祝いするのだ。同様にクリスマスも全員で祝う。

日本でクラスに韓国人《かんこくじん》やアメリカ人がいても、その人たちが「日本の文化に合わせるべきだ」と思っていた私《わたし》はとても驚《おどろ》いた。

3-9 —— 圧巻《あっかん》のインターナショナル・デー

もっと驚《おどろ》いたのが、「インターナショナル・デー」だった。

これは世界について学ぶための大規模《だいきぼ》な学校イベントで、それぞれの国ごとにブースを作って、その国の文化を学んで紹介《しょうかい》する。マレーシアでは割《わり》と一般的《いっぱんてき》な催《もよお》しらしい。

コウスケが割《わ》り当てられたのは、中国・台湾《たいわん》・日本の3か国を代表する「東アジア」ブースだった。

ほかの学年の中国人、台湾人《たいわんじん》と一緒《いっしょ》にブースを作り、それぞれの国の食べ物や服《ふく》装《そう》、踊《おど》りや遊びなどを紹介《しょうかい》する。

中学校には日本人生徒のミウちゃんがいたので一緒《いっしょ》に協力する。

当日は圧巻《あっかん》だった。

学校の広いホールに、50か国以上もの国旗がはためき、それぞれのブースからいい匂《にお》いが漂《ただよ》ってくる。

大勢《おおぜい》のモーリシャス人が伝統的《でんとうてき》なダンスを披露《ひろう》し、アフリカ諸国《しょこく》——ケニアやエジプトのコーナーでは、見たこともないような食べ物を売っていて、とてもおいしそうだ。

「こんなにたくさんの国の人が学んでたんだ」

私《わたし》とコウスケは日本ブースの担当《たんとう》で、ミウちゃんと一緒《いっしょ》に浴衣《ゆかた》を着て、店頭で巻《ま》き寿司《ずし》と、お稲荷《いなり》さんを売った。

　コウスケは得意《とくい》の折り紙をブースで教えることにしたようだ。この折り紙ブースは大盛況《だいせいきょう》。3日前から必死で折り紙をおり続け、相当の数の作品を用意したのだが、すぐになくなってしまう。

　アンディのお母さんたちは韓国《かんこく》ブースで韓国《かんこく》の伝統《でんとう》衣装《いしょう》であるチマ・チョゴリを着て、得意《とくい》のキムパプやチャプチェを並《なら》べて売っていて、あっと言うまに完売になってしまったようだ。

　アディティアやリシープリアたちはインドのブース担当《たんとう》。色とりどりのサリーやパンジャビ・スーツを着て、ご飯とお

かずを炊《た》き込《こ》んだビリヤニやロティ・チャナイを売っていた。

インドのコーナーで大人気だったのが、ヘナという植物から作られた染料《せんりょう》で手や腕《うで》に精巧《せいこう》な模様《もよう》を施《ほどこ》してくれるサービスだ。

このヘナのブースに並《なら》んでいるのは大人ばかりで、驚《おどろ》いた。多くの親が子ども以上にこのイベントを楽しんでいた。

ヘナに並《なら》んでいたリシープリアのママが、

「親が楽しまなくて、どうするの！」

と叫《さけ》ぶように言っていて、親も楽しんでいいんだ、と気持ちがとっても楽になった。

マレー系《けい》の子たちのブースでは、木でできたコマで戦う方法や、伝統的《でんとうてき》なボードゲームなどを披露《ひろう》したり、マレーの村に伝わるダンスを一緒《いっしょ》に踊《おど》るコーナーがある。

日本のブースでお寿司《すし》を売っていたら、着物を着たミス・マーヴィンドーがやってきて、

「コウスケくんのお母さん、ほかのブースを回っていらっしゃい。私《わたし》がお店を見ておくから」

と親切にも申し出てくれた。そこで、私《わたし》も全部のブースを回って、見たこともないお菓子《かし》やおかずを買って食べてみた。

回ってみてわかったことは、どの国にも誇《ほこ》るべき文化があるのだ、ということ。

私《わたし》は「日本食が一番美味《おい》しい」と思っていたけれど、マレーシア人はマレーシア料理が大好きで、インドの人はスパイスがたっぷり入ったインド料理が大好きだ。日本のような熱くて塩辛《しおから》いラーメンよりも、薄味《うすあじ》で少しぬるい麺類《めんるい》を好んで食べる人が多いことにも気がついた。

優劣《ゆうれつ》や順番をつけることに意味はなく、「ただ違《ちが》う」のだった。

私《わたし》は知らぬうちに「日本食が一番」と優劣《ゆうれつ》をつけていた自分に気づいて少し恥《は》ずかしくなった。

コウスケは、1学期が終わる頃《ころ》にはクラスメートや先生と、ほぼ問題なくコミュニケーションできるようになり、スー先生のクラスから「卒業」できた。

少し遅《おく》れてアンディもミス・カラのレッスンを受け、無事、補習《ほしゅう》クラスを卒業した。

コウスケのお喋《しゃべ》りはいよいよ盛《さか》んになった。

「ママ、新しくきたリシープリアは強烈《きょうれつ》なの。クレヨンで宿題やってきたもんで、先生に怒《おこ》られてたよ。それに隣《となり》の人に喋《しゃべ》りかけるのに、まるで100メートル離《はな》れてる人に話すみたいに大声で話すんだよ。でもね、すごく優《やさ》しい！」

「ウォングって子がいて、すごくわんぱくなの。今日は上履《うわば》きを投げて遊んでて叱《しか》られたよ。悪いことをする子は立たされたり、外に出されたりするんだよ」

おしゃべりが止まらなくなる。環境《かんきょう》が人を変える力って、すごいのだな、と感心する。

「この学校は最高だよ。ワンパクがいっぱいいて、いつもめちゃくちゃで面白《おもしろ》すぎる。だから、ぼくはこの学校が大好きなんだ」

3-10 ―― 何もかもが謎《なぞ》の運動会

その後は、運動会があった。

日本で運動会といえば、半年以上も前から予定が決まっているのが当たり前。けれど、ここの運動会は、2か月前に突然《とつぜん》決まって、さらに1週間前には「準備《じゅんび》ができてないから、あと1週間延期《えんき》」となった。

運動会の練習はしているのかと聞いたら、一応《いちおう》かけっこの練習だけはしているらしい。そう、なんとコウスケが出るのはかけっこだけ。

当日、見学に行ったら、さらに驚《おどろ》いた。クラスの子のうち4人が欠席だ。その理由も、「家族で旅行に行くので欠席します」というもの。

何もかも日本の運動会とは違《ちが》った。

まずスニーカーを履《は》いた子と、裸足《はだし》の子がいる。

開会式はなく、なんとなく始まった。座《すわ》る席も何も決まってない。校庭に入って写真撮影《さつえい》自由。疲《つか》れたら勝手に食堂《しょくどう》に入って休んでオッケーだ。

校長先生は、光るスーツを着ていて、競技中《きょうぎちゅう》の生徒が転びそうになると、走って助けてる。しかも、速く走れた子に1リンギット札（30円くらい）をあげていた。

「お金、あげるんだ……」とびっくりだ。

リシープリアの家族が総出《そうで》で来ていて、応援《おうえん》が賑《にぎ》やかだった。お母さんはかけっこのスタート位置まで、扇子《せんす》であおいだり、お水をあげたり。

「リシー！　ゴー！」

と大騒《おおさわ》ぎだ。でも一方で、クラスメートのアリは自分の徒競走の番なのに、家族と一緒《いっしょ》にナシレマ（ココナッツミルクで炊《た》いたお米）を食べていたため、出場できなかったみたいだ。

自分の出番が終わると、勝手に帰ってしまう人がいた。開会式も閉会式《へいかいしき》もない。こんなのアリなんだ。

コウスケは銀色のメダルをもらって、もう大興奮《だいこうふん》でご機嫌《きげん》だ。日本ではあんなに運動会を嫌《きら》ってたのに。

運動会の夜、携帯電話《けいたい》が鳴った。日本の瑛子《えいこ》さんだった。そういえば、カオルくんはどうしているのだろう。

「お久《ひさ》しぶりー。連絡《れんらく》ないけど、どうしてる？」

そういえば、毎日色々《いろいろ》あって、日本のことはすっかり頭から消えていた。

「お陰様《かげさま》で、こっちきて、ようやく学校に行けるようになったのよ」

「それはよかったわね。あのね、カオル、A塾《じゅく》の『エリート』で特待生になったの」

「エリートって？」

「一応《いちおう》、東京の塾《じゅく》の中では一番賢《かしこ》い子が行くところなの。特待生だから塾代《じゅくだい》も払《はら》わなくていいのよ」

「へぇ。それはすごいね」

「ありがとう。そっちは塾《じゅく》とかないの？」

「うーん、そうねぇ、小さい補習塾《ほしゅうじゅく》はあるみたいだけど、日本みたいな大手塾《おおてじゅく》は、あんまり聞かないかな」

「あのね、こっちはもう大変よ。中学受験は『3年生から始めるんじゃ遅《おそ》い』が常《じょう》識《しき》なのね。A塾《じゅく》はもう3年生でいっぱいになるみたい。うちは早いスタートが切れて本当によかった」

「公立学校なのに大変ね……」

「公立学校だからこそ大変なのよ。あーうちも幼稚園《ようちえん》でお受験させておけばよかったわ〜」

確《たし》か、今のインターナショナル・スクールは勉強こそ詰《つ》め込《こ》み式だが、偏差値《へんさち》もなければ、高校2年まで試験らしい試験がない。

だから、子どもがたくさん遊べる環境《かんきょう》があるのだ。

3-11 ――「いっつも歌っています」

あっと言う間に1年生が終わり、個人面談《こじんめんだん》があった。

この学校の個人《こじん》面談は時間が決まっていない。

その代わり、テキトーな時間に行って、話したい先生のいる部屋に並《なら》ぶのだ。

並《なら》んでいたら、すぐ後からやってきて隣《となり》に座《すわ》ったのは、例の大きな声の子、リシープリアのお母さんで、カラフルなインドの民族衣装《いしょう》を着て、ニコニコしながら言った。

「あの、リシープリアのお母さんですか？」

「あら、ご存《ぞん》じなのね。あの子は、元気で明るく素晴《すば》らしいでしょ！　私《わたし》はあの子が誇《ほこ》りなの！」

リシープリアは最もわんぱくな女の子なのに、このお母さんは、「うちの子が迷《めい》惑《わく》かけてすみません」と言わないのだ。

お母さんに、そんなふうに言われたら、きっと嬉《うれ》しいだろう。

先生から「次の人どうぞ」と呼《よ》ばれて、教室に入ると、先生はいつもと同様にニコニコしている。

「コウスケくんがうちのクラスにきてくれて、本当にみんな喜《よろこ》んでいます」

「先生、コウスケの英語力はどうですか」

「まだまだだけど、友だちから好かれているし、きっと大丈夫《だいじょうぶ》。とにかくよく質問《しつもん》し、発言するのでとても素晴《すば》らしいです」

「えっと、何を質問《しつもん》しているんでしょうか？」

「授業《じゅぎょう》で出てくる、わからない単語は全部聞いていますよ」

私《わたし》はびっくりした。

「それ、ほかのお子さんには迷惑《めいわく》じゃないんですか」

「いいんですよ。ほかにも単語がわからないお子さんがいるかもしれませんからね。質問《しつもん》することは大変よいことです」

先生はニコニコしながら言った。

日本の学校では怒《おこ》られてばかりだけれど、この学校ではほめられてばかり。コウスケ自身が変化したわけではないのに……。

「それに、コウスケくん、歌がとっても上手《じょうず》ですね」

「あれ、音楽の授業《じゅぎょう》はありましたっけ……」

「いえ、いつも授業中《じゅぎょうちゅう》に歌を歌ってるんですよ」

「授業中《じゅぎょうちゅう》に⁉」

私《わたし》は、またまたビックリした！　授業中《じゅぎょうちゅう》に歌を歌って、それでどうして授業《じゅぎょう》が成立するのだろう？

「それは、ご迷惑《めいわく》じゃないでしょうか。申し訳《わけ》ありません」

「いいんですよ。とっても歌が上手《じょうず》なので、みんな楽しみにしてリクエストしています。それに、歌った方が集中できるお子さんもいるんですよ」

「そんなことが、あるんですか……」

開いた口が塞《ふさ》がらないとはこのことか。

こうして、１年生はあっと言うまに終わってしまった。

4 変わっていく学校

4-1 ―― 今度の先生は怖《こわ》かった

夏休みが終わると、新学期になった。

コウスケは無事に2年生になった。

驚《おどろ》いたのは、クラスメートの数人が入れ替《か》わっていたことだった。彼《かれ》らはさよならも言わずに、新しくできたほかの学校に転校したのだ。

その代わりに華人《かじん》やイタリアからきた子などが数人加わった。

転校生が多いから、「新入り」も大して特別扱《あつか》いされない。

これは、親としてはとても気楽だった。

いじめがあっても、学校を変わったらいいのだ。子どもに聞くと、「人種や国籍《こくせき》がわからない」ということもある。

子どもたちは、相手が何人《なにじん》かを大人ほど気にしないのだ。

新しい担任《たんにん》の先生はインド系《けい》のミス・カイラだった。

コウスケによると、ミス・カイラはマーヴィンドー先生と同じインド系《けい》だけど、怖《こわ》いことでよく知られていた。

「噂《うわさ》によると、学校中の悪い子たちの『しでかした事リスト』を書いたノートを持ち歩いてるんだって」

「悪いことをしている子がいると、いつのまにか後ろにひっそり立って睨《にら》んでいるんだよ。振《ふ》り返ったら恐怖《きょうふ》だよ！　お説教タイムが長くて地獄《じごく》だよ～」

怖《こわ》いとは言いつつ、コウスケは帰ってくると「アー──今日も学校、楽しかったー！」と叫《さけ》ぶようになった。

2年生になってから、コウスケ、韓国人《かんこくじん》のアンディ、ウォング、シム・レンツェンで、仲良しグループができ、コウスケは「ノーティー（わんぱく）・グループ」と呼《よ》んでいた。

学校から帰ってくると、わんぱく4人組が、どんな風に先生に叱《しか》られて、どんな風に対応《たいおう》したのかを面白《おもしろ》おかしく話してくれるようになった。

中でもよく叱《しか》られているのがウォングという華人《かじん》の男の子だ。彼《かれ》は成績《せいせき》がいいが、同時に群を抜《ぬ》いてわんぱくな子なのだ。

毎日学校から帰ってくると、

「今日はウォングが靴《くつ》を投げて先生に叱《しか》られて面白《おもしろ》かった!」

「今日はウォングが先生に叱《しか》られて、『教室から出て行きなさい』って言われたけど、『嫌《いや》だ! 嫌《いや》だ!』って言って、机《つくえ》にしがみついたもんだから、机《つくえ》ごと連れて行かれて、みんな大笑いした」

「今日もウォングが授業中《じゅぎょうちゅう》にお友だちのあだ名リストを作ってて、お友だちに『牛』とかあだ名を付けてるのが見つかり、30分くらい連れてかれて、お説教されてたよ」

「へぇ、叱《しか》られてばかりで嫌《いや》じゃないの?」

「ミス・カイラは怖《こわ》いけど、ぼくたちを愛してることが伝わってくるから、大丈夫《だいじょうぶ》なんだ」

ミス・カイラは、確《たし》かにコウスケのことをよーく見ていて、私《わたし》にも、「コウスケくんは演劇《えんげき》の才能《さいのう》があるかもしれませんね。でももう少し英語を練習してくださいい」などのアドバイスをしてくれる。

学校の先生だけでなく、いつもの守衛《しゅえい》さんや掃除《そうじ》のスタッフさんたちが「ハローコウスケ！」と言ってくれるし、街のレストランで、隣《となり》の席に座《すわ》った家族がさりげなく親切にしてくれる。エレベーターに乗ると、知らない人同士《どうし》で会話が始まることがある。そんな雰囲気《ふんいき》が、彼《かれ》の気持ちをどんどんほぐすみたいだった。

かつての登校しぶりが信じられないほど元気になったコウスケを見て、しみじみ環境《かんきょう》は人を変えるのだな、と思った。

4-2 ―― お母さん、怒《おこ》りすぎないで

私《わたし》自身も、この環境《かんきょう》の中で気づいたら、「迷惑《めいわく》をかけちゃダメ」「静かにして」「ちゃんとして」と叱《しか》る回数が、減《へ》っていった。

以前から積み木やLaQ《ラキュー》やパズルを散らかしっぱなしのコウスケを私《わたし》はよく怒《ど》

鳴《な》っていた。

「なんで片付《かたづ》けないの！　すぐやりなさい！」

そんなある日、コウスケにこう言われた。

「ママ、落ち着いて。アンガーマネジメントが足りてないよ」

落ち着けって!?　だれのせいで怒《おこ》っているのよ、と余計《よけい》に腹《はら》が立ったが、アンガーマネジメントとはなんだろう。

コウスケによると、「アンガーマネジメント」とは怒《いか》りをコントロールすること。

日本にいた頃《ころ》は、そんなの聞いたことも考えたこともなかった。

今では日本でも一般的《いっぱんてき》になってきた考え方かもしれないが、子どもの口から聞いたときは新鮮《しんせん》でとても衝撃的《しょうげきてき》だった。

なにより、母子で異国《いこく》に住んでいるコウスケには、逃《に》げ場がない。私《わたし》が怒《おこ》ってばかりだったら、彼《かれ》はどこでも安らげないだろう。

こんなこともあった。

ある日、コウスケを些細《ささい》なことで叱《しか》っていたら、

「あのさーママ、明日ぼくが交通事故《じこ》で死んでも、今怒《おこ》ってるこの時間を後悔《こうかい》しないの？」

子どもにこんなことを言わせてしまったかと、ハッとしていると、コウスケはひとりで劇《げき》をはじめた。

「ガチャン！　きゃー！　ピピピピ……ピーピー……ピー――（先生の声で）お母さん、残念ですがお子さんはもう……」

「……」

「（私《わたし》の声で）コウスケ――！　コウスケ――死なないで――！」

「……」

「ママは、明日こうなってもいいの？　短い人生だよ。せっかく一緒《いっしょ》の時間を過《す》ごしているんだから、今を楽しく過《す》ごそうよ？　そのほうがお互《たが》いに楽しいよ？」

「人生は短い」これもまた、マレーシアの人たちがよく口にするセリフだった。

それにしても小さいコウスケからそう言われるとは。

せっかくののんびりしたマレーシアにいるのだ。

この雰囲気《ふんいき》を大切にしよう。

そう思えるのはどこか楽しかった。

4-3 —— 日本人の友だちができた！

半年ほどすると、ついにコウスケに日本人の友だちができた。

ある日、少し自宅《じたく》から離《はな》れた場所の公園に遊びに行ったら、「もしかして、日本の方ですか」と話しかけてくれた女性《じょせい》がいた。ヒロコさんといって、となりにはちょうどコウスケより2学年上の男の子のタクヤがいた。転勤《てんきん》できて、別のインターにいるそうだ。

タクヤは、体格《たいかく》がよく、スポーツが好きだった。マレーシアにきて、初めて会う同世代の日本人の友だちだった。2人はアッという間に仲よくなり、サッカーで遊び出した。コウスケは日本語で遊べるので、とても嬉《うれ》しそう。

「タクヤは日本でサッカークラブにいたんです。マレーシアはあんまりサッカーが盛《さか》んじゃないんですね」

とヒロコさんは言った。

「主人の転勤《てんきん》で、最近引《ひ》っ越《こ》してきたばかりなんです。もしよかったら、いろいろ教えてもらえませんか」

と言われて、私《わたし》たちは友だちになった。


こうして日本人の友だちができると、コウスケは興味《きょうみ》の幅《はば》を大きく広げていった。タクヤの明るい性格《せいかく》はたちまちコウスケを引きつけた。

まずはサッカーだ。タクヤはサッカークラブにいて上手《じょうず》だったから、コウスケにとっては大きな刺激《しげき》になったようだ。「ぼくもサッカーをやりたい」と言い出した。

しかし、今のコンドミニアムには、プールはあっても公園がなく、サッカーを練習できるようなスペースがない。

この話をすると、ヒロコさんは、こう言った。

「もしよかったら、私《わたし》が住んでいる隣《となり》の部屋が空き家なので、見にきませんか。

サッカーもできるし、タクヤもコウスケくんが隣《となり》にきてくれたら、きっと楽しいと思いますよ」

そう言われて、がぜん興味《きょうみ》が湧《わ》いた。

さっそく、ヒロコさんの家を見に行くことにした。

それは学校から30分くらいのところにあった。敷地《しきち》がゆったりした少し古いコンドミニアムで、公園が2つ、幼稚園《ようちえん》が1つ、ミニスーパーもあった。広い。

一歩足を踏《ふ》み入れて、心底ビックリした。

そこはまるで小さな日本だった。

注意書きも、レストランのメニューも日本語。住んでるのは日本人が主流だという。日本語が飛び交《か》い、子どもたちは敷地内《しきちない》で、自転車で遊ぶ。品のよさそうな奥《おく》さんたちが日傘《ひがさ》をさして、あちこちで立ち話している。

コウスケはタクヤとボールを持って公園に遊びに出かけてしまった。

コンドミニアムの中なら、子どもだけで遊びに行っても大丈夫《だいじょうぶ》なのだ。

ヒロコさんに部屋を見せてもらうと、家具付きの3ベッドルームで、部屋から公園が見えて、実に居心地《いごこち》よさそう。ここに住めば、コウスケが大きくなっても、日本語を忘《わす》れないだろう。

けれども、今住んでいる家よりずっと家賃《やちん》が高い。

「うーん、とっても素敵《すてき》だけれども、うちには予算オーバーかな……」

そう言うとヒロコさんは大家さんと交渉《こうしょう》してくれて、「家具なしでいいのなら、500リンギット値下《ねさ》げしてくれるみたいですよ」という。

頼《たよ》りになる人だ。

そこで、私《わたし》とコウスケは、ゴキブリの出るコンドミニアムを引き払《はら》って、この素《す》敵《てき》な場所に移《うつ》ることになった。

4-4 ―― 楽しい日本人コンドミニアム

日本人コンドミニアムに引《ひ》っ越《こ》すと、環境《かんきょう》が大きく変わった。

マレーシアは車社会で、ほとんどの人が車で移動《いどう》する。

子どもだけで徒歩で外出すると誘拐《ゆうかい》されることがある。

以前のコンドミニアムでは、放課後は敷地内《しきちない》で遊ぶか、友だちと約束して車で送り迎《むか》えしなければならなかった。

ところが、ここは広大な敷地《しきち》に日本人の子がたくさん住んでいた。

放課後、子どもたちは勝手に仲よくなり、遊びはじめた。

毎日、夜遅《よるおそ》くまで遊んで帰ってくる。コンドミニアムの敷地内《しきちない》は安全で、親がついていかなくてもよい。自由に公園や、友だちの家に遊びに行けるのだ。

特にはやっていたのが、Sボーと呼《よ》ばれるスケボーだ。コウスケはさっそく買って欲《ほ》しいと言いだし、家の周りで遊び始めた。

タクヤには既《すで》に大勢《おおぜい》の友だちがいて、タクヤの友だちがそのままコウスケの仲間になった。男子の遊び方は、割《わり》と単純《たんじゅん》なのだ。

「今日なんで遊んでたの?」と聞くと、「SS」。

「SSってなに?」って聞くと、「スケボー・サッカーの略《りゃく》だよ」。

ある日は「なんで遊んだの?」と聞くと、「SO」。

「SOってなに?」と聞くと、「スケボー鬼《おに》ごっこだよ」という具合で、普通《ふつう》にスケートボードをいろんな遊びと組み合わせて、クリエイティブに楽しんでいる。

子どもは遊びの天才だ。

遊びのバラエティも増《ふ》えていった。

みんなで公園に行って鬼《おに》ごっこをしたり、テニスをしたり、一緒《いっしょ》にプールに行ったり。

友だちの影響《えいきょう》でスイミングも習い始めた。

マレー人の先生が週1回コンドミニアムにきて教えてくれる。コウスケは自由時間が欲《ほ》しいと言って、すぐやめたけど。

雨の日は、友だちがうちにきて、ゲームをしたり、トランプをしたり、YouTubeで怖《こわ》い話の動画をみんなで見たりした。

日本の漫画《まんが》を大量に持っている子もいて、コウスケは夢中《むちゅう》になった。漫画《まんが》がきっかけで囲碁《いご》にハマって夫と対局するようにもなった。

私《わたし》がかつて東京で思い描《えが》いていたのは、こんな生活だったのかもしれない。

久々《ひさびさ》に日本人の子を見ると独特《どくとく》で新鮮《しんせん》だ。

学校では英語。家では日本語で遊ぶ。日本人が増《ふ》えるのも悪くないなぁ、と私《わたし》は思った。

4-5 ―― 日本人の友だちが入ってきた

そうこうして3年生に進級すると、今度は学校にも日本人が入ってきた。

「ママ、大ニュースだよ」と帰ってくるなりコウスケが興奮《こうふん》しながら言った。

「うちのクラスに日本人の子が入ったんだ！」

「おお、男の子？　女の子？」

「男の子だよ。ユイトくんっていうの」

「よかったじゃない」

「うん、ユイトくんのママが、これくれた」

と、コウスケは、小さな封筒《ふうとう》を渡《わた》した。

そこには丁寧《ていねい》に折り畳《たた》まれた便箋《びんせん》が入っていた。表に「コウスケくんのママへ」と書いてある。

「初めまして。今月マレーシアにきたばかりの、竹中ユイトの親です。まだ何もわからないので、よかったら、いろいろ教えてください」

と丸い字で書かれていた。

横にケータイの電話番号が添《そ》えてあったので、さっそくメッセージを送ってみた。

「コウスケの母です。同じクラスになったそうですね。よろしくお願いします」

最後にケータイの番号を書いておいたら、すぐに返事がきた。

「お返事ありがとうございます！　ユイトの母です。実はご相談したいことがあります。もしよかったら、今週にでもお会いできないでしょうか」

いきなり相談とは驚《おどろ》くが、マレーシアにいる日本人は少ないので、こういうことはわりとある。

「いいですよ。いつがいいですか」

「金曜日に」

ところが、これがトラブルの始まりだった。

4-6 ――「ひどい学校」を紹介《しょうかい》された？

モントキアラは日本人や韓国人《かんこくじん》の駐在員《ちゅうざいいん》に人気の高級住宅街《じゅうたくがい》だ。学校からは遠く、私《わたし》たちのコンドミニアムからタクシーで30分ほど走ると、高層《こうそう》マンションが立ち並《なら》ぶモントキアラの街が見えてくる。

洒落《しゃれ》た店が並《なら》んだ一角にあるカフェで待っていると、背《せ》が高い、黒いワンピースに白のカーディガンを羽織《はお》り、首元にスカーフを巻《ま》いて、サングラス姿《すがた》の女性《じょせい》が現《あらわ》れた。日傘《ひがさ》をさして、日焼け止めの白いレースの長い手袋《てぶくろ》をしている。一眼《ひとめ》で日本人とわかった。

「コウスケくんのママですか？」

「はい、竹中さんですね？」

「ああ、よかった。お会いできて。もうどうしようかと思ってたんです」

と言うなり、サングラスを取った。

「何かあったんですか」

「ちょっとひどくないですかあの学校」

いきなりキツイ言葉が出てきたので、驚《おどろ》いた。初対面でいきなり責《せ》めるようなことを言われても、何も思い当たる節がない。

あの丁寧《ていねい》な丸い文字からは想像《そうぞう》できないので面食らってしまう。

「え？　コウスケたちが通う学校のことですよね？」

「コウスケくんのお母さんは、あんなんで平気なんですか？」

事態《じたい》が飲み込《こ》めずにいると、ちょうどコーヒーがふたつ運ばれてきた。

「ちょっと落ち着いて話してください。ユイトくん、転校してきたばかりですよね。何かあったのですか」

「まだ教科書が1冊《さつ》も届《とど》いてないんです。それにバスのドライバーが毎日遅刻《ちこく》してくるし。社会人として、ありえないじゃないですか。常識《じょうしき》がなさすぎます」

と一気に言った。一度にたくさん言われて、頭の中で整理しながら返事をする。

「うちも最初は教科書がなかったけれども、授業《じゅぎょう》は受けられるから大丈夫《だいじょうぶ》です。ドライバーの遅刻《ちこく》が多ければ、新しいドライバーを探《さが》したらいいのでは」

ここまで言うと、ユイトくんのママは呆《あき》れたように言った。

「え、コウスケくんのママは、そんなんで、いいんですか」

それでいいも何も、それしか選択肢《せんたくし》がないのだ。ここは日本ではないのだ。そう伝える言葉を探《さが》していると、ユイトくんのママはさらに続ける。

「ドライバーの遅刻《ちこく》は学校の責任《せきにん》ですよね？」

「ドライバーは学校とは関係ないんですよ。学校は紹介《しょうかい》しているだけだって最初に説明がありました」

「そんな無責任《むせきにん》な」

「ここは外国なので、常識《じょうしき》が違《ちが》うんですよ」

と言って、そういえば、常識《じょうしき》という言葉を久々《ひさびさ》に聞いた。長く日本人社会から離《はな》れていたので、日本と比《くら》べて批判《ひはん》することを忘《わす》れていた。

「それに、今の担任《たんにん》の先生もクラスの子たちも、英語の訛《なま》りがひどくて、ユイトは先生が何を言っているか、わからないとすごく困《こま》っています。うちは早期英語教育で、発音だけはこだわって先生を選んできたんです。なのに、先生は、『ユイトは英語がわからないようですから、特別英語クラスを受けてください』って言うんです」

カイラ先生はインド系《けい》で、私《わたし》からすると綺麗《きれい》な英語を話す人だったのだけれども、私《わたし》には聞き取れない差異《さい》が、彼女《かのじょ》にはわかるのかもしれない、と思った。

それにしても、信頼《しんらい》している学校や友だちの悪口を聞かされているうちに、だんだん話すのが苦痛《くつう》になってきた。

「英語の訛《なま》りは、マレーシアですから、多少はありますよね。でもそれで困《こま》ることはないでしょうから、いいじゃないですか」

「私《わたし》、騙《だま》されたと思ってます」

と憤然《ふんぜん》として彼女《かのじょ》は言った。ずいぶんと強い言葉を言う人だ。

「騙《だま》されたって……誰《だれ》に？」

「学校を案内してくれたエージェントにですよ」

「エージェント？」

「そうです。私《わたし》はちゃんとした『レベルの高い学校』を希望していたんです。エージェントのおすすめで選んだ学校なんです。英語ネイティブの子なんて全然いなくてアジア系《けい》ばかり。紹介料《しょうかいりょう》も払《はら》ったのに、ひどい」

私《わたし》たちだってアジア系《けい》なのに。

それにインター校にはそもそも、偏差値《へんさち》などのレベルがない。

「レベルの高い学校ってたとえばどこですか？」

ユイトくんのママは、クイーンズ・ブリッジの名前を挙げた。先生が全員イギリス人という学校で、昔からある名門インターナショナル・スクールだ。学費《がくひ》も高い。

「今からでも転校すればいいじゃないですか」

「クイーンズ・ブリッジの試験を受けたら、英語力が足りないって言われました。エージェントは試験対策《たいさく》とかぜんぜんやってくれないんですよ。ひどくないですか。ユイトは発音は完璧《かんぺき》です。訛《なま》りが移《うつ》っちゃったらどう責任《せきにん》取るんですか」

「う〜ん……。ここはマレーシアですから。ユイトくんのママは英語を話せますか？」

「私《わたし》ができないから、ユイトには話せるようになってほしいと思って、0歳《さい》の頃《ころ》から努力してきたんです！」

だんだん見えてきた。彼女《かのじょ》は、ユイトへの早期英語教育が評価《ひょうか》されないことに、苛立《いらだ》っている。苦労もお金も、英語教育にたくさん注《つ》ぎ込《こ》んできたのだろう。

「入れなかったものは仕方ないですよ。それにレベルなんて、ここでは大して関係ないですから、まずはユイトくんの英語力を上げて、クイーンズ・ブリッジを受け直したらいいんじゃないですか？」

それに、今の学校だっていいとこですよ、と言いそうになったが、この人と関わると面倒《めんどう》だと本能《ほんのう》が知らせている。

「だから、コウスケくんのお母さんに相談したかったんです」

ユイトくんのママは身を乗り出した。

うわ、これは面倒《めんどう》なことになるぞと身構《みがま》えた。

「と言いますと？」

「コウスケくんはすごく英語が上手《じょうず》だって聞きました。どうやって勉強したのですか」

うーん。そうだろうか。コウスケは早期英語教育をやっていないし、勉強といえば、インド系《けい》の幼稚園《ようちえん》の先生にフォニックスを習ったことくらい。それに、ペラペラしゃべっているように見えても、コウスケも英語には苦労していて、現《げん》に面談ではミス・カイラに「英語力不足」を指摘《してき》されたばかり。確《たし》かミス・カイラはこう言った。

「もっと英語の本を読んで語彙《ごい》を増《ふ》やしてください」

言われてみたらその通りで、引《ひ》っ越《こ》して日本人の友だちが増《ふ》えて以来、家では日本の漫画《まんが》や本しか読んでないのだった。日本人同士《どうし》で集まると、あっと言うまにそこは「日本」になるのは本当に不思議だ。そして、学校バスも日本人しかいない。英語のコンテンツを読め、と言われても、英語への「とっかかり」がないので、何を読んだらいいかもわからない。

私《わたし》は言った。

「コウスケも英語には苦労しています。今度フィリピンの学校に行こうと思っているくらいです」

「そうですか」

ユイトくんのママは、ハッとしたように突然姿勢《とつぜんしせい》を正して言った。

「あの、会ったばかりなのに、愚痴《ぐち》っちゃってごめんなさい。日本語をこんなに自由に話せるのが本当に嬉《うれ》しくて、つい言いすぎてしまいました。私《わたし》、きたばかりで、本当に話す相手がいないんですよ。主人は出張《しゅっちょう》続きで家に全然帰ってこないし……」

根は素直《すなお》ないい人なのだろう。慣《な》れない海外でストレスを抱《かか》えてしまう人はじつはとても多い。

彼女《かのじょ》は「ここは私《わたし》が持ちますから」と勘定《かんじょう》を払《はら》ってくれた。


それにしても、嵐《あらし》にあったようでドッと疲《つか》れが出た。

夫の都合での転勤《てんきん》で、住み慣《な》れた日本からいきなり離《はな》されて、ストレスが大きいのだろう。私《わたし》のように、元々《もともと》この国が好きな物好きとは異《こと》なり、ショックが大きいのかもしれない。

とはいえ、いろいろと「許《ゆる》せない」ポイントが多い人だ。

付き合うのは最小限《さいしょうげん》にしたい。そのうち私《わたし》も叱《しか》られそうだ。

家に戻《もど》るともう夕方だった。

鍋《なべ》で米を炊《た》いていると、コウスケが帰ってきたので聞いてみた。

「あのさー、ユイトくんのお母さんにあったよ」

「ふーん」

「ユイトくん、学校でどうしてる？」

「英語ができないから、ぼくが『通訳係《つうやくがかり》』をやってるよ」

「通訳係《つうやくがかり》？」

「うん。先生が、ユイトくんを助けてあげてって言うから、隣《となり》に座《すわ》って、全部ぼくが教えてあげるんだ」

コウスケは嬉《うれ》しそうだった。

「ユイトは英語ができるんじゃないの？」

「うん。でもユイトは『本物の英語』しかわからないんだって」

「本物の英語？」

「そうだよ。英語は、英語ネイティブに習わないとダメなんだよ、って言ってた。ここの英語は本物じゃないってさ」

「ああ、なるほどね……」

コウスケは「遊びに行っていい？」と言って、スケボー片手《かたて》に飛び出して行った。

でも小さい頃《ころ》から発音を学んでいたのなら、きっとすぐに追いつくはずだ。何せ基礎《きそ》があるのだから。

ここまで思考して、考えても仕方ない他人のことを考え始めたことに気づく。

私《わたし》のよくない癖《くせ》だ。他人のことを背負《しょ》い込《こ》んでも仕方ない。

でも、これはほんの始まりだったのだ。

4-7 ―― ストレスが強くなる

数か月経《た》つと、コウスケが浮《う》かない顔で帰ってくることが増《ふ》えた。コウスケの場合は、嫌《いや》なことがあると明らかに口数が少なくなる。

日本で小学校にいたときと同じだった。

「コウスケ、元気ないね、先生に怒《おこ》られた？」

「そんなんじゃないの」

「どうしたの」

「あのね……アンディとか、ウォングとかの『ノーティー（わんぱく）・グループ』と遊べなくなっちゃった」

「ありゃりゃ。ノーティーすぎて、先生から解散《かいさん》命令が出たの？」

からかい口調で言うと、コウスケが叫《さけ》んだ。

「違《ちが》うよ！　ユイトだよ」

意外な名前が出たのでびっくりした。

「ユイトが、ノーティー・グループの子たちとは遊んじゃダメって言うんだよ。あいつら外国人だからダメ、って」

「……」

「ぼくはユイトの通訳係《つうやくがかり》だから、いつも2人で一緒《いっしょ》にいるんだ。そうすると、ウォングたちとは遊べないんだ。『オール・ジャパンで行こうぜ』って言うの」

なるほどなぁ。オール・ジャパンとは、よく日本の会社で言われる掛《か》け声で、要するに「日本人一丸《いちがん》となってやりましょう」という意味だ。テレビか何かで覚えたのだろう。

しかし、マレーシアのインターナショナル・スクールまできて「オール・ジャパン」とは、狭量《きょうりょう》ではないか。なんのためにここにいるのだ！

「ユイトの通訳係《つうやくがかり》はいいけれど、自由が全然ないのは困《こま》るよね？」

「そこなんだよ。ぼくはノーティー・グループと遊びたいのに」

コウスケは不満そうだ。

そんなときに、ちょうど携帯《けいたい》のメッセージが鳴った。ユイトくんのママだった。

「こんにちは。よかったら今度の日曜日、コウスケくんと公園に行きませんか」

4-8 ―― 公園での面会

その公園は滑《すべ》り台やブランコのほかに、子ども用のロック・クライミングなどの遊具があった。いつものジーンズとTシャツ、スニーカーで行くと、紺《こん》のサマードレスを着て、半袖《はんそで》のカーディガンを羽織《はお》ったユイトくんのママと、ミキハウスのシャツを着た男の子が登場した。

この子がユイトくんだろう。

「こんにちは!」と挨拶《あいさつ》したら、「あ、ども」と言って、そっぽを向いた。

「ちょっとユイト、ちゃんとコウスケくんママにご挨拶《あいさつ》しなさい」と、言われて、小さい声で「こんにちは」と言って、「遊ぼう」とコウスケと2人、岩登りを始めた。

ユイトくんのママとは、今回は当たり障《さわ》りのない話題を選んで話した。しかし、話すうちに彼女《かのじょ》が求める情報《じょうほう》を、私《わたし》はほとんど持っていないことがわかった。

日本のお米が買えるスーパー、日本の美容師《びようし》さんがいる美容室《びようしつ》、日本人の通訳《つうやく》のいる医院、彼女《かのじょ》は徹底《てってい》して「日本式」にこだわっていた。だからこそ、日本人である私《わたし》の情報《じょうほう》を切望していたのだが、私《わたし》はこうした情報《じょうほう》に疎《うと》い。

「そしたら、いっそのこと、今私《わたし》が住んでいるコンドミニアムに移《うつ》ったらどうですか。学校にも近いし、日本人が多いし、居心地《いごこち》もいいですよ」

「でもあの辺には、いい塾《じゅく》が全然ないって聞きました」

「塾《じゅく》って？」

「うちは、クアラルンプールの大手塾《おおてじゅく》Sに行かせています。日本に帰ったら受験するので、日本の学校の勉強もさせています」

ユイトくんのママは当たり前のように言う。そう。最近ではクアラルンプールにも日本の塾《じゅく》Sが進出してきたらしい。

確《たし》かに、駐在員《ちゅうざいいん》が住む年数は2、3年と言われている。急に帰国して、受験の勉強をするのは大変だ。だから「準備《じゅんび》」するのだろう。

ということは、ユイトくんは、慣《な》れない英語の授業《じゅぎょう》を受けて、家に帰ったら、今度は日本語での勉強が待っている。そりゃ、ストレスも多いはずだ。

「コウスケくんは、塾《じゅく》は行ってないんですか？」

「インターナショナル・スクールは大体高校まではそのまま進学できるんですよ」

毎日、帰ってくると荷物を玄関《げんかん》に放り出して外でスケボーや「SS」か「SO」

なのだ。

私《わたし》は言ってみた。

「日本に戻《もど》ることが前提《ぜんてい》なら、日本人学校の方がいいのではないですか」

「英語ができたら、帰国子女になって受験に有利です。うち、小学校受験してせっかく私立《しりつ》小学校に入ったのに、転勤《てんきん》になってしまったので」

東京都内では受験する家庭が増《ふ》えていると聞くが、本当にそうなのだろうか。

ユイトくんのママは、私《わたし》と話しても埒《らち》が明かないと思ったのか、急に黙《だま》り込《こ》んだ。

そこへ子どもたちが息を切らして戻《もど》ってきて「喉《のど》が渇《かわ》いた」と叫《さけ》ぶ。

ユイトくんのママが「私《わたし》、ジュース買ってきます」と言って、コウスケが後に続き、私《わたし》はユイトと2人、取り残された。

「ユイトくん、学校楽しい？」

「つまんない」

「なんで楽しくないの」

「レベルが低いから」

「え⁉」

これにはびっくりした。彼《かれ》は英語ができず、コウスケに通訳《つうやく》を頼《たの》んでいるのではなかったっけ。なのにレベルが低い、とはどういうことなんだろう。

「えーと、なんで『レベルが低い』って思うのかしら」

「……みんな訛《なま》ってるし。先生も発音がよくないし」

「そっか……訛《なま》ってない学校に行きたかった？」

「……あと、ESL（英語強化クラス）が超《ちょう》レベル低い」

吐《は》き捨《す》てるように言った。

ESLだけは、ネイティブのスー先生が教えていなかったか。

「どうレベルが低いの」

「ABCがわかんない奴《やつ》もいるし、アップルとかオレンジとか、単語テストばかり。教え方もつまんない。先生もクソだし」

「そっか、幼稚園《ようちえん》の頃《ころ》からやってたから、そりゃつまんないよね……」

と言うと、ユイトは初めて私《わたし》の目を見て、「うん」と言った。

なるほどな……。

うちのように人数が少ない新設校《しんせつこう》のＥＳＬでは、１クラスでレベルの違《ちが》う全員を教育する。ちょうど、日本の公立小学校で、外国人の子どもに日本語教室をきめ細かくできないのと同じだ。

ユイトはかたくなに英語を話さないことで、自分を守っているのかもしれない。

そこへジュースを手にしたユイトくんのママとコウスケが戻《もど》ってきた。彼女《かのじょ》は途《と》中《ちゅう》の会話を聞いていたようで、割《わ》り込《こ》んできた。

「そうなのよ。英語特別クラスのレベルが低いからパパに頼《たの》んで学校に文句《もんく》を言ったんだけど、スー先生は『綴《つづ》りができてません』の一点張《いってんば》りで、埒《らち》が明かないの。スペリングなんていらないよね、何よ、あの先生。ユイトはペラペラ話せてるじゃん？　って思うんだけど」

「……」

「それで、申し訳《わけ》ないんだけど、助けてもらえないかなと思って。コウスケくんママ、英語ができるじゃないですか。だから、この話を担任《たんにん》の先生にしてもらえないかしら。ユイトはもっと上のクラスにいるべきだと思うんです」

「ええ、私《わたし》が？　なんで？　さすがにそれはちょっと無理ですよ。忙《いそが》しいし」

私《わたし》は断《ことわ》った。これ以上関わるのはごめんだ。

本当は忙《いそが》しくないけど。


ところがその日、家に帰ると、コウスケが言った。

「ママ、ぼくからもお願い。カイラ先生に、ユイトのクラスを変えるように頼《たの》んで。今のままだとぼくが辛《つら》い」

人の問題に首を突《つ》っ込《こ》むのは面倒臭《めんどうくさ》い。

しかし今のままでは、コウスケもしんどい。

そんなわけで、嫌々《いやいや》ながら、私《わたし》がミス・カイラと話すことになった。

4-9 ―― ミス・カイラとの面談にて

椰子《やし》の木の葉が見える教室で、私《わたし》はミス・カイラに時間をとってもらったことのお礼を言った。

「コウスケがユイトの通訳係《つうやくがかり》をしていると聞きました。そのためコウスケは、ほかのお友だちと遊べないそうで困《こま》っています」

「ああ、そうなんです。私《わたし》もあまりに2人がずっと一緒《いっしょ》にくっついていて、ほかの子どもを一切仲間に入れないので、どうしようかと思っていました」

さすがミス・カイラ。ちゃんと子どもたちを見ているのだ。彼女《かのじょ》はこう続けた。

「それに、ユイトは英語が一切喋《しゃべ》れません。だから、コウスケに手伝ってもらうことにしたのです。しかしもしかしたら、逆効果《ぎゃくこうか》だったかもしれませんね」

私《わたし》は耳を疑《うたが》った。

「英語が話せない？　ユイトのママは、レベルの高いクラスを希望しているのに？」

先生はすごく意外そうな顔をした。

「ユイトは英語を話せるんですか？　授業《じゅぎょう》では一言も喋《しゃべ》ったことがないのです。それで、ますますコウスケに依存《いぞん》しているのかもしれません」

うーん、訳《わけ》がわからないけれど、ユイトの英語がまったく先生に通じてないということなんだろうか。

いや違《ちが》う、とハッと気づいた。

彼《かれ》は喋《しゃべ》れないんじゃない、喋《しゃべ》りたくないんだ。「喋《しゃべ》りたくない、この環境《かんきょう》では」なんだ。

ユイトの親は、この学校の悪口ばかり言う。そんな「レベルの低い場所」でみんなの仲間になりたくないんだ。このクラスで楽しく遊んでいる未来は、多分ユイトには想像《そうぞう》できないのだ。

先生も私《わたし》と同じ見解《けんかい》に辿《たど》り着いたようだった。

「わかりました。明日から少し方針《ほうしん》を変えましょう。2人の席を離《はな》します。それから、もうユイトにお世話係をしてもらうのもおしまいにします。クラスではできるだけ英語を話すように指導《しどう》してみましょう。ユイトが英語を話すようになれば、私《わたし》も考えます」

「ありがとうございます！」

ミス・カイラの柔軟《じゅうなん》な対応《たいおう》に感謝《かんしゃ》すると共に、やれやれ、これで問題は少しいい方向に向かうかもしれないとホッとする。

ミス・カイラは言葉通りのことを、翌日《よくじつ》から実行した。２人の席は離《はな》され、「授《じゅ》業中《ぎょうちゅう》はできるだけ日本語を話さないこと」と厳命《げんめい》された。

ところが、実際《じっさい》には問題はこの後、ひどくなる一方だったのだ。

コウスケはこうしてユイトの束縛《そくばく》から解放《かいほう》され、また「ノーティー・グループ」と遊び始めた。ところが、すぐに問題は起きた。

この話し合いの後すぐに、韓国人《かんこくじん》のアンディのママから電話がかかってきたのだ。

「どうしたの。アンディは元気？」

「大変なことが起きたの」

声がいつもと違《ちが》い、緊張《きんちょう》している。

「どうしたの」

「ユイトくんが、アンディを突《つ》き飛ばして、怪我《けが》をさせたの」

驚《おどろ》いた。

「大丈夫《だいじょうぶ》？」

「うん、腕《うで》を骨折《こっせつ》しただけで、もう病院で手当てした」

「それは大変じゃない。何があったの？　喧嘩《けんか》？」

「それがよくわからないの。アンディによると、ユイトくんが突然《とつぜん》理由もなく、突《つ》っき飛ばしてきたって」

電話を置いて、コウスケに聞いてみると、彼《かれ》はこう言った。

「あのね、ユイトくんは、ぼくとだけ遊びたいって言うの。でも、ぼくはアンディたちとも遊びたいから、ユイトくんを『ノーティー・グループ』に入れようとするけど、うまくいかないんだよ」

「ああ、ユイトくんは、ほかの子たちとは遊びたくないの？」

「そう。あいつら大《だい》っ嫌《きら》いなんだって。それで、アンディのことを押《お》したら、アンディが転んで、怪我《けが》をしたの」

ああ、そういうことか、と思った。

ユイトくんにとって、友だちとは、日本語が通じて、日本の話ができる、コウスケだけなのだ。コウスケがほかの子と遊んでいるのが、辛《つら》いのかもしれない。

このまま大変な日々《ひび》が続くのだろうか。

頭を抱《かか》えた。

4‐10 ―― マレーシアが人気に

どうしようかと思っていた矢先、この問題は意外にもあっさり解決《かいけつ》した。

4年生になると、学校にも日本人が増《ふ》えてきたのだ。

日本のテレビで「マレーシア移住《いじゅう》」が取り上げられ、その中で、コウスケたちの学校が紹介《しょうかい》されたのだ。

学校に行くたびに、日本人の見学者を見かける。コウスケのクラスにも、ケイジとシンジ、マヤと3人も加わって、ユイトはケイジやシンジと3人でグループを作って遊ぶようになった。

新しくきた子どもたちは「日本人の多いコンドミニアム」に住むので、学校バスはあっと言うまに日本人ばかりになった。

コンドミニアムでは、朝は幼稚園《ようちえん》に送るママたちが集まり、小学校のバスがくればそこにもママたちが集まる。日本と変わらない風景になった。

マレーシアにいるのに、ずっと日本語で会話している。日本人同士《どうし》の「引力」はとても強いのかもしれない。

英語のできない日本人の子どもが入れる学校は、実は限《かぎ》られている。すると、日本人の多い学校にはいよいよ日本人が増《ふ》える。

英語強化クラス（ESL）は、日本人ばかり。英語クラスでできた日本人グループはその後も続き、ほかのグループの子たちとは、混《ま》じりたがらない。「日本人だけ」で輪を作ってゲームをするようになった。

コウスケは新しい日本人の子がくると、数か月は「お世話係」に任命《にんめい》されることが増《ふ》えた。

みんな最初は英語ができないので、通訳《つうやく》をするのだ。その子が英語ができるようになると、また1人、新しい子が入って来て同じ繰《く》り返し。慣《な》れない英語の授業《じゅぎょう》でストレスも強いためか、喧嘩《けんか》も絶《た》えなかった。

先生はユイトくんの一件《いっけん》以来、数か月すると、「ノー、ジャパニーズ」と言うようになったけど、するとまた新しい転校生がくる。

もちろんいい面もあった。コウスケもすぐに日本語のＹｏｕＴｕｂｅ、日本語の漫画《まんが》にどっぷりハマるようになり、おかげで日本語力はかなり上がったし、囲碁《いご》や将棋《しょうぎ》に夢中《むちゅう》になった。

一方で、塾《じゅく》やお稽古事《けいこごと》で忙《いそが》しい子も多く、いじめっぽい感じのことが起きたこともあった。何より、ローカルの子たちとの間には大きな溝《みぞ》ができてしまったようだ。

アンディたちとは遊べない。

コウスケはこれが不満だった。

4・11 ―― 学校を、変わってもいいかな？

5年生になると、コウスケはまた少し元気がなくなって、ある日、「学校変わってもいい？」と言い出した。新しいクラスの雰囲気《ふんいき》があんまりよくないらしい。

学校バスではいつもケンカが起きているそうだ。

「新しい先生は怒《おこ》ってばかりだし、なんだか楽しくなくなった」

とボソッと言った。

「子どもがハッピーじゃなければ学校を変える」

ライアンがそう言っていたなと思い出す。

「どこか学校、見に行ってみる？」

そこで、家から一番近い別の学校を見に行った。

住宅街《じゅうたくがい》の見過《みす》ごしてしまいそうな2階建の建物の中にその学校はあって、教室には子どもたちがギッシリ詰《つ》まってた。ボロボロの校舎《こうしゃ》。校庭もプールもない。インド系《けい》、マレー系《けい》、華人《かじん》の子どもたちと先生が主流だ。

けれど、子どもたちの顔はとっても明るかった。そして何よりびっくりしたのが、1年生の教室の前を通りかかったときだ。カラフルなビーンバッグと呼《よ》ばれる座布《ざぶ》団《とん》みたいなのが置いてあって、子どもたちは教室でみんな寝《ね》っ転がってる!!

「なんで椅子《いす》がないのですか」と聞いたら、

「1年生は、まだ寝《ね》っ転がって授業《じゅぎょう》を受けていいんですよ」

と案内してくれたケイトリンという事務員《じむいん》がこともなげに言ったのに、さらにびっくりした。

変な学校だなぁ。

コウスケに「どう思う?」って聞いたら、小さい声で「ここでいい」と言った。

順番待ちをしないと入れなかったので、申し込《こ》みを入れておいた。

半年くらいしたら、学校から電話がかかってきた。

「残念ながらコウスケくんの学年は満員ですが、1学年下に空きが出ました。試験を受けますか?」

1学年下なら空いている。もうマレーシアには慣《な》れっこだったがさすがに驚《おどろ》く。

こんなふうに軽く学校を動けるのはきっといいことなんだろう。

コウスケはこともなげに「1年下でいい」と言い、テストを受けた3日後に入学することになったのだった。

5 「先生が教えない」学校へ

5-1 ── 初日の登校の衝撃《しょうげき》

「なんだここは？」

地味な体育館に子どもたちが並《なら》んで座《すわ》り、朝礼が行われている。

でも、様子が変なのだ。

インド系《けい》と華人《かじん》の先生が掛《か》け合い漫才《まんざい》のようにジョークを交えながら話していて、子どもたちがゲラゲラ笑っている。

これはお笑い大会ではなくて、朝礼だよね……？

初めての登校日、学校バスが家の前に止まり、コウスケは緊張《きんちょう》した面持《おもも》ちで出発して行った。

私《わたし》も暇《ひま》だったので少し遅《おく》れて、見学に行った。そして冒頭《ぼうとう》の感想である。

先生A「さあーて、4年B組の担任《たんにん》は誰《だれ》かな？」

先生B「誰《だれ》かなぁ。ワクワクして止まらないわー！　早く教えてー」

先生A「ハイ、じゃー発表します。なんと、ミスター・オング先生ですー！」

生徒たち「わーー」「ぎゃー」「やったー」「鬼《おに》のオングかー！」

ヒューヒューと口笛が聞こえ、イェーイと叫《さけ》ぶ子あり、まるでコンサート会場なのだ。

コウスケは夕方4時ごろ、元気いっぱいに帰ってきた。

「学校楽しすぎたよ。最高だったよ！」

「そう言うと思った。よかったね。何が気に入った？」

「まず、クラスの子がむっちゃフレンドリーだった！」

「そっか」

「ノーティー（わんぱく）な子もちゃんといる」

「ふむ」

「それから、学校でいいことしたら、ご褒美《ほうび》が貰《もら》えるんだよ！」

「ご褒美《ほうび》？　何が貰《もら》えるの？」

「マクドナルド！」

「え!?」

「先生が、マクドナルドや映画《えいが》に連れてってくれるんだよー」

「……」

「あとアイスクリーム！」

「なんか、変な学校ね……」

「そうかなぁ。子どものことよく考えてくれてるんだと思うよ！」


マクドナルドに映画《えいが》にアイスクリーム？

そんなのアリなのか？

そもそも、ファストフードとか、砂糖《さとう》とか、子どもの「食育」にはよくないんではなかったっけ。

日本のまじめなお母さんたちが聞いたら、腰《こし》を抜《ぬ》かしそう。私《わたし》は自分の「日本の常識《じょうしき》」が音を立てて崩《くず》れていくような気がした。

その後も、この学校にはぶっ飛ぶことの連続だった。

5－2 ―― 教科書がない！ 先生が教えない！

コウスケは、すぐにこの妙《みょう》ちきりんな学校を大好きになった。

毎晩《まいばん》「明日が楽しみで仕方ない！」と言って、土日のたびに「早く学校にならないかなー」なんて言う始末。

「いや〜、授業《じゅぎょう》が全部楽しいんだよ！」

「それはいいことだ」

「だってさ、教科書を全然使わないんだよ？」

ギョッとした。

「えっ、教科書を使わないでどうやって授業《じゅぎょう》するのよ」

「ディスカッションするんだ！」

「でも子ども同士《どうし》でしょう。討論《とうろん》する内容《ないよう》はどうやって知るの？　それで授《じゅ》業《ぎょう》になるの？」

「先生は教えないで、聞き役に徹《てっ》して、ジョークばかり言ってるんだよ。授業《じゅぎょう》はエンターテインメントみたいなもので、退屈《たいくつ》な時間がぜんぜんない！」

先生が教えない……。

それどころか、ジョークばかり!?

そんなのアリなのか？

いやいや、大丈夫《だいじょうぶ》なのか!?

そういえば、「今は、先生が教えない学校がいい学校なんですよ」と、事務《じむ》のケイトリンが言ってたっけ。

以前の学校は、教科書や黒板を使った伝統的《でんとうてき》な授業《じゅぎょう》方法で朝礼は厳格《げんかく》だった。同じマレーシアの学校で、同じ授業《じゅぎょう》でも、ぜんぜん違《ちが》う。

いろいろ体験できるのは、きっといいことなのかもしれない。

授業《じゅぎょう》科目には、英語・算数・科学のほか、中国語、マレー語、歴史《れきし》、地理、人格《じんかく》形成、美術《びじゅつ》、体育、ICT（情報通信技術《じょうほうつうしんぎじゅつ》）があった。

科目ごとに先生が違《ちが》い、子どもたちが教室を移動《いどう》する。

コウスケはもうおしゃべりが止まらない。

「あと、今日は歴史《れきし》でローマ時代の戦闘《せんとう》方法を習ったんだ。敵《てき》にやられないための隊列の組み方があるんだよ。ママ知ってる？」

もちろん、知らない。

みんなで実践《じっせん》してやってみたという。

「なんというか、もう、すごく楽しそうだね……」

「この学校の先生は、とにかく子どもがみんな大好きで、みんなを愛してくれるんだ。だから、みんながバナナみたいな口になってニコニコ笑っているんだよ」

宿題も今までとは違《ちが》った。

ポスター作り、プレゼン……まるで大人が会社でやる仕事みたいだ。

ある日の英語の宿題は、「自分で考えたラジオCMを作ってくる」だった。

まず生徒にお菓子《かし》が配られ、その商品を宣伝《せんでん》するための細かいガイドラインが提《てい》示《じ》される。

そのガイドラインに従《したが》って、シナリオを自分で考え、音声をパソコンに吹《ふ》き込《こ》んで編集《へんしゅう》し、リストとともに先生にメールで送る。

コウスケは、夢中《むちゅう》になって、毎晩遅《まいばんおそ》くまで編集《へんしゅう》作業だ。

宿題がいつもこんな感じなので、やたらと時間がかかる。

「今までで一番人々《ひとびと》を救《すく》った歴史上《れきしじょう》の人物は誰《だれ》か」

「南アフリカでアパルトヘイトが終わったのはなぜか」

そんな課題を調べ、クラス討論《とうろん》したりすることもあった。

ときにはグループで集まって宿題をやる。誰《だれ》かの家に車で集合して、それぞれの子の得意《とくい》・不得意《ふとくい》を考えながら、協力してやるのだ。

終わると友だちとドローンを飛ばして遊ぶ。

とにかく日々《ひび》熱中していたので、これでいいかなと思えたのだった。

充実《じゅうじつ》しているのだ。

5-3 ―― ふざけてるの？ という朝礼

こんなこともあった。

朝礼でいきなり「バーン」という銃声《じゅうせい》がして、舞台上《ぶたいじょう》のタバ先生が倒《たお》れてしまったのだ。

銃撃事件《じゅうげきじけん》？

生徒たちがパニックになっていると、マイクで、

「大変です！　タバ先生が死にました！」

というアナウンス。

ここで、子どもたちはようやく「あ、（先生たちのイタズラが）始まったな」と察し

がついた。

そう、これは「全校生徒で殺人事件《さつじんじけん》の犯人《はんにん》を探《さが》す」2日にわたるゲームだった。

ホームルームに子どもたちが集まり、4人1組で犯人《はんにん》を当てるように言われる。

次の休み時間にステージに行くと、「殺人現場《さつじんげんば》」には「立ち入り禁止《きんし》」のテープが張《は》りめぐらされ、「FBI」の札をぶら下げた先生たちが守る中、人型《ひとがた》にかたどったチョークや現場《げんば》に残された指紋《しもん》、髪《かみ》の毛、靴跡《くつあと》などの証拠品《しょうこひん》が残されている。

この証拠品《しょうこひん》を見ながら、子どもたちが先生に聞き込《こ》みをして回るのだ。容疑者扱《ようぎしゃあつか》いされた先生は、100人以上の子どもたちから何度も指紋《しもん》をとられて大変だったらしい……。

これは「ジュニアFBI」というトレーニング。推理《すいり》したり、みんなで協力したり、何かを見つける訓練なんだろう。

毎日、こんな感じでクタクタになって帰ってくるコウスケ。

「先生が子どもを楽しませることに夢中《むちゅう》になってる学校なんだ。学校が楽しすぎて学級崩壊《がっきゅうほうかい》なんてないよ。あ、いつも学級崩壊《がっきゅうほうかい》しているとも言えるかな！」

コウスケの幸せそうな笑い声を聞いて、正直、とても羨《うらや》ましくなった。

私《わたし》もこういう学校に通いたかったなあ……。

「勉強の第一歩って、楽しむことじゃないかな～」

きっとコウスケの言う通りだろう。

まず好きになること。楽しむこと。算数だって国語だって、好きでやってる人にはかなわない。

いろいろ体験しながら過《す》ごしているうち、あれこれ大好きになって、最後にどこかにたどり着けばいいのだ。

5-4 ―― 放課後は遊びとクラブで大忙《おおいそが》しに

クラブ活動では、外部から来た先生たちがいろんなものを教えていた。

スポーツ、芸術《げいじゅつ》はもちろん、「アニメ作り」「プログラミング」「粘土工作《ねんどこうさく》」「リビングスキル（ノコギリとかの使い方を習う）」「忍術《にんじゅつ》」「ボーイズブリゲード（ボーイスカウトみたいな組織《そしき》）「ロボティクス」「科学実験クラブ」もあった。

面白《おもしろ》いのは「同じクラブ活動を続けないでください」と言われること。

「ひとつのことを続けなさい」という日本のクラブ活動とは真逆《まぎゃく》だ。


前の学校であんなに揉《も》め事ばかりだったのが嘘《うそ》のように、ただただ、楽しいことばかりが起きるようだった。

家に帰ると、鞄《かばん》を投げ捨《す》てて「行ってきますー」と言って、自転車に乗って遊びに行ってしまう。

帰ってきてからの遊び仲間は、仲良しのタクヤをはじめとする日本人の友だちだ。

夕飯時に帰ってこないので、私《わたし》が仕方なくコンドミニアムの敷地内《しきちない》を探《さが》しに行くこともしばしばだった。

ときにはみんなでプールで泳ぐこともあった。

プールに近所のジャングルにいる猿《さる》がやってきて、みんなで大騒《おおさわ》ぎになったこともあった。猿《さる》にものを投げると、猿《さる》は怒《おこ》って襲《おそ》いかかってくるので、危険《きけん》なのだ。

雨の日は、布団《ふとん》をかぶって、「ほんとにあった怖《こわ》い話」というのをみんなで見ている。

YouTubeも大人気で、日本のヒカキンやはじめしゃちょーはみんなも大好きだった。

5-5 ――「アメリカズ・ゴット・タレント」の学校バージョン

そんなある日、コウスケが興奮《こうふん》しながら帰ってきた。

「ぼく、タレント・ショーに出るよ!」

何事かと思えば、学校で「タレント・コンテスト」なる催《もよお》しがあるようだ。

これは名物番組「アメリカズ・ゴット・タレント」を模《も》したタレント・ショーで、生徒たちが歌や楽器、絵やパフォーマンスなど、得意《とくい》なことを披露《ひろう》する。候補者《こうほしゃ》は数か月の間、3回ものオーディションを受け続けなければならない。それぞれで審査員《しんさいん》が違《ちが》うという念の入れ方だ。

まず何をやるか、誰《だれ》とやるか、準備《じゅんび》から服装《ふくそう》、BGMも全部決めなくてはならない。

先生は一切アドバイスをしない。徹底《てってい》している。

歌で勝負する子も、ダンスを披露《ひろう》する子もいる。グループで一緒《いっしょ》にやっても、演《えん》技《ぎ》をしても、体操《たいそう》をしてもいい。

コウスケは悩《なや》んだ挙句《あげく》、舞台《ぶたい》の上で大きな「絵」を描《か》くことにしたらしい。けれども、舞台《ぶたい》で会場のみんなに見えるように大きな絵を描《か》くのはけっこう大変で、最後の最後まで悩《なや》んで、夜遅《よるおそ》くまでうんうん言いながら、練習をした。

決勝まで進んだというので、学校に見に行ったら、ほかの出演者《しゅつえんしゃ》はメイクもBGMも本気だった。

本番の直前に、見慣《みな》れない番号から電話がかかってきた。

見ると、ユイトくんのママだった。ちょっとギョッとした。

「コウスケ君のママ、お久《ひさ》しぶりです」

「こんにちは。ユイトくん元気ですか？」

「お陰様《かげさま》で、前より元気になりました」

「そりゃよかった！」

「ところで、コウスケくん、学校変わったんですね？」

……そういえば、学校を変わることを伝えてなかったっけ。

「そうなんですよ。ごめんなさい、伝えるのが遅《おそ》くなってしまって。家から近い学校に転校しました」

「……あの、新しい学校はどうですか？」

「楽しそうですよ」

「いいな。ちょっとお話、聞かせて欲《ほ》しいんです。いろいろまた、困《こま》ったことが起きていて」

ユイトくんは日本人の仲間と仲よくなって安定し、問題解決《かいけつ》だと思っていたのだけれど……。

「ユイトは、もう入学して2年近くなるのに、全然英語力が伸《の》びないんです。……それで、あの学校じゃダメだから、転校しようかなと思って」

「……ESL（英語強化クラス）はもう終わりましたか？」

そういえば、簡単《かんたん》な単語ばかりやっていて辛《つら》い、とユイトくんは私《わたし》に訴《うった》えたのではなかったか。

「それが、まだESLにいて、通常《つうじょう》の授業《じゅぎょう》を全部受けられてないんです」

「そうですか……」

「それに、日本人が増《ふ》える一方で、もうクラスの半分が日本人なんです」

「だとしたら日本語で用が足りちゃいますね」

「それでも、ちゃんと生徒に英語を教えるのが、学校の義務《ぎむ》ですよね？」

「英語だけなら、むしろ英語学校の方がいいと思いますよ」

「週に3回、放課後に韓国人経営《かんこくじんけいえい》の英語塾《えいごじゅく》に行かせてます。なのに、ちっともできるようにならなくて。ケイジくんやシンジくんと仲良しで、ずっと日本語を話していると、先生に言われました」

これは欧米《おうべい》に留学《りゅうがく》する大人にも起きることだ。留学《りゅうがく》のつらさに耐《た》えられず、日本人同士《どうし》で固まって、日本語で生活して、言葉のできない辛《つら》さを慰《なぐさ》め合う。同じことは、子どもにも起きるんだ。

でも、それでは外国語は身につかない。異文化《いぶんか》に対応《たいおう》する力も育たない。

「それで、コウスケくんが行ってる学校はよさそうかなと」

私《わたし》は絶句《ぜっく》した。また、あの揉《も》め事が繰《く》り返されるのは絶対《ぜったい》に困《こま》る。

「うーん、あんまりユイトくんには向かないと思いますよ」

「でも！　一度見学したいんです！」

考えてみると、あの学校は「常識《じょうしき》」にこだわるユイトくんのママには無理だ。

直接《ちょくせつ》見たら、諦《あきら》めるに違《ちが》いない。

「じゃあ、近日タレント・コンテストがあるので、見にきますか」

そう言って電話を切った。

5-6 ―― アイスをプレゼントする学校！

タレント・コンテストの当日、ユイトくんのママは相変わらず上品なセットアップスーツでやってきて、「思ったよりも小さい学校ですね。プールはどこですか」

と言った。

「プールはないんですよね」

「プールがない？　校庭はどこ？」

「校庭も、ないんですよ。運動するときは、近所の運動場に行くんです」

「……」

「びっくりしました？」

「……ここにいるのは、アジアの子ばかりですね」

そりゃそうだ。ここはマレーシアなのだから。

ユイトくんのママが言った。

「あの、英語ネイティブの先生はいないんですか？」

私《わたし》の表情《ひょうじょう》を見て察したようだった。

またもマイナス点。

なにはともあれ、コンテストを見るように言う。

いざ体育館でコンテストが始まると大盛《おおも》り上がり。

審査員《しんさいん》にはマレーシアの有名ＹｏｕＴｕｂｅｒが参加してコメントする。

ユイトくんのママは、

「ＹｏｕＴｕｂｅｒが学校にくるなんてどうなんですか。うちはＹｏｕＴｕｂｅを見せていないのに！」

と呆《あき》れている。思ったとおり、マイナス点が積み上がっていく。

コウスケの番になって、彼《かれ》は壇上《だんじょう》で絵を描《か》き始めた。パパッと描《か》いて、逆《さか》さまにしたら、人の顔が出てきて、みんなが拍手《はくしゅ》。

でも残念ながら賞《しょう》は取れなかった。

「ぼくは人前でパフォーマンスするのには向いていない」

後で彼《かれ》はそう言っていた。

いろんなことをすると、向き・不向きがわかる。

それが自分で道を選ぶ、大切な力になるのだと、後になって分かった。

コンテストの方は、例によって大盛《おおも》り上がりで、最後にみんなでダンスをしていたら、校長先生がやってきてマイクを握《にぎ》った。

「今日はみんなすごくよくやったから、ご褒美《ほうび》に全員アイスプレゼントー！」

「ヤッタァーー！」と狂喜乱舞《きょうきらんぶ》する子どもたち。

あっと言うまに体育館にアイスのケースが登場し、配られ始めた。

「なにこれ！　学校にアイス⁉　うちは甘《あま》いものは禁止《きんし》してるのに。ここの人たち、本当に常識《じょうしき》がない！」

ユイトくんのママはパニックだ。

その様子がおかしくて「あははは」と私《わたし》は笑った。

「コウスケくんのママは、怒《おこ》らないんですか？」

「いやこんなものでしょ。授業中《じゅぎょうちゅう》に先生がＹｏｕＴｕｂｅを見せることもありますよ」

「ありえないです」

「それがありえるんですよ」

「イメージとは違《ちが》ったので、転校はやめておきます」

「その方がいいでしょうね」

彼女《かのじょ》にはこの学校は無理だ。

少し気の毒《どく》な気もしたが、晴れ晴れとした気持ちになった。

帰宅中《きたくちゅう》、車の中で、コウスケに今日のことを伝えた。

「ユイトくんのママがきてたけど、怒《おこ》ってたよ。やっぱりさ、変な学校だよね」

「この学校の先生は、ただただ、子どもが大好きなんだと思う……。ぼくはいつもそれを感じる。だからいいんだよなー」

子どもが大好きな先生たち。

細かいことはともかく、それだけでいいのかもしれない。

5-7 ―― トレイニー・プリフェクトになる

あっと言うまに時はすぎ、6年生になった。

個人《こじん》面談から少し経《た》つと、担任《たんにん》の先生であるミス・タバから電話があった。

「おめでとうございます！　コウスケくんは、『プリなんとか』に選ばれましたが、どうしますか？」

ハイテンションで言っている。おかげでこの『なんとか』が聞き取れない。

帰ってきたコウスケに、

「先生から、プリなんとかがどうこう、って電話がきた。あれは何のことかな」

と聞いたら、

「トレイニー・プリフェクトだよ。ぼく、プリフェクト見習いに選ばれたんだよね」

「って、それは何？」

「あークラスモニターの1個《こ》上の役職《やくしょく》だよ」

「クラスモニターってなんだっけ」

「クラスの監督役《かんとくやく》で、学級委員みたいなものだよ」

「ふーん」

「正式名称《めいしょう》はトレイニー・プリフェクト（監督生《かんとくせい》見習い）っていうんだ」

「なんですかそれ。すごいの？」

「すごいの。『ハリー・ポッター』でハーマイオニーがやってた仕事なんだ！」

「へえ」

「先生がクラスで2人を選んで、先生の仕事の手伝いをするんだよ。制服《せいふく》も違《ちが》うんだよ」

「なんで宿題やらないコウスケが選ばれるの」

「それがぼくにもよくわからなくて……どうもミス・タバがぼくを推薦《すいせん》したけど、もう一人の担任《たんにん》のミスター・クラフトは反対してるんだって」

「ふーん。やるか、やらないか、今週中に返事くださいって先生は言ってたよ」

「うん、ぼくやってみたい」

問題児であろうコウスケがなぜ選ばれたのか、よくわからないが、トレイニー・プリフェクトで数か月仕事をやった後に、正式にプリフェクトになるのだ。

少し後に、個人面談《こじんめんだん》があったので、聞いてみることにした。

広い体育館に先生がずらっと並《なら》んでいて、保護者《ほごしゃ》は話したい先生の前に並《なら》んで、好きなだけ話す。

嫌《きら》いな先生とは話さなくてもいいのだ。なんというシステムだろう。

担任《たんにん》の先生は2人。まずは優《やさ》しいミス・タバ。

「どうしてコウスケが『トレイニー・プリフェクト』なんですか」

「コウスケくんは、影響力《えいきょうりょく》があるんですよ。よくも悪くもね」

先生は、悪戯《いたずら》っぽく笑った。

ついでに聞いてみた。

「最近のコウスケの様子はどうですか」

「積極的に質問《しつもん》し、よく発言しています。何も問題ありませんよ」

「えーと、授業中《じゅぎょうちゅう》に歌ったりしてませんか？」

「ええ、歌ってるし、最近踊《おど》ってますよ」

「えっ！　踊《おど》ってる……？」

「クラスメートからリクエストがくるんですよ〜。アハハハ！」

アハハハ、って、笑っている場合なんだろうか。

「えええ、トレイニー・プリフェクトになったんでしょ？　そんなんでいいんですか？」

「大丈夫《だいじょうぶ》ですよ。彼《かれ》ならできますから！」

ついでにもう一人の担任《たんにん》の先生、ミスター・クラフトは全然違《ちが》う反応《はんのう》だった。

「コウスケがプリフェクト！　あああ、頭が痛《いた》い」

先生は天を仰《あお》いだ。

「私《わたし》も聞いたときにはショックでした。理由？　彼《かれ》を選んだ先生に聞いてください。あんなワンパクな子を選ぶなんて、私《わたし》にはとても理解《りかい》できません」

えええ、どういうことなの……。

トレーニングが始まると、大変だった。

コウスケは朝寝坊《あさねぼう》が嘘《うそ》のように早く学校に行くようになり、なんだか人が変わったように真面目になった気がした。

「プリフェクトになれるかな……？」

彼《かれ》の頭はしばらくは「プリフェクト」でいっぱいになった。

そんなある日、先生から電話が来た。

「おめでとう。あなたは正式なプリフェクトに選ばれました」

こうして、ついに正式なプリフェクトになった。

5-8 ―― プリフェクトの仕事

プリフェクトになると、まず制服《せいふく》が異《こと》なる。特別なベストと、ネクタイ、バッジをつけるのだ。なんだか特別な人みたいに見える。

コウスケは嬉《うれ》しそうだった。

ただし、プリフェクトには「義務《ぎむ》（デューティー）」と呼《よ》ばれる仕事がある。朝は少し早く行って、先生の代わりに出席を取ったり、朝の読書の指導《しどう》をする。水曜日には会議があり、学校の問題を解決《かいけつ》する。

例えば、いじめや発達障《しょう》がいの子がうまく馴染《なじ》めなかったりしたら、集まって、「問題を解決《かいけつ》」するよう努力するのだ。

「ママ、前に、多様性《たようせい》が大事だって話をしたよね。クラスには、おとなしくて声が聞き取れない女の子や、ちょっと幼《おさな》くてからかわれるとすぐに泣いてしまう子がいる。足がちょっと悪い子、ADHD（注意欠如《ちゅういけつじょ》・多動症《たどうしょう》）や、LD（学習障《がくしゅうしょう》がい）の子もいる。ぼくたちは、その子たちをどうやったら仲間でいられるかを考えないといけない。全員をちゃんと仲間にすることがとても重要なんだ」

とコウスケは力説する。

この学校では「インクルーシブ教育」で、発達障《しょう》がいの子どもたちも一緒《いっしょ》に学ぶ。インクルーシブはすべてを包む、というような意味だ。「どうしたら、彼《かれ》・彼女《かのじょ》が楽しく学校で過《す》ごせるか」を考えることが、世界の課題を解決《かいけつ》することにつながるのだという。

確《たし》かに、学校が指定する映画《えいが》や授業《じゅぎょう》の副読本は、障《しょう》がいを持った子どもが主人公であることが多いのだ。

そういえば、クラスでのコウスケの大親友のエドウィンにも「難読症《なんどくしょう》」があった。

この学校には「人格形成《じんかくけいせい》」という名前の授業《じゅぎょう》があり、先生は「人の見かけを話題にするのは（ほめ言葉でも）よくないことだ」と教える。

ある日は、「白い天使と黒い天使がいたら、どっちが悪いと思う？」と討論《とうろん》させる。気づかないでしてしまう「差別」について自覚的になるためだ。いろんな子がクラスにいることは、学校にとってとても大事なのだ。

何よりも、この子たちが解決《かいけつ》するのは、グローバル規模《きぼ》の問題で、取り組むのは、地球温暖化《おんだんか》や差別など、なかなか難《むずか》しい問題ばかり。

私《わたし》は自分自身を振《ふ》り返ってみると「日本、日本」と自分の国のことばかり考えていたように感じて、ちょっと自分が恥《は》ずかしくなった。

さらには、ここの学校は孤児院《こじいん》も経営《けいえい》していて、その孤児院《こじいん》の出身の子もいた。校長先生が孤児《こじ》を何人か養子にして育てていたのだ。だから、生徒は全員、ときどき孤児院《こじいん》に行って働いたり、一緒《いっしょ》に遊んだりする。

毎回「世界の課題を解決《かいけつ》せよ」と教わるのだから、孤児院《こじいん》に行って見識《けんしき》を深め、クラスに仲間はずれを作らないように考えることは、一貫《いっかん》した教育方針《ほうしん》であり、これからの子どもたちにとって、重要なことなのだろう。

この学校に入ってから、コウスケの視野《しや》はとても広くなった。

5-9 ―― なぜか算数に夢中《むちゅう》になる

しばらくすると、「算数ウィーク」がやってきた。

この算数ウィークでは、子どもたちが4人1組で学校内を歩き、学校のあちこちに隠《かく》された「算数の謎《なぞ》」と「解《と》くためのアイテム」を探《さが》す。グラウンドの隅《すみ》にバケツと道具が置いてあって、「この道具を使ってグラウンドの面積を計算しなさい」と紙が入っている。4人で知恵《ちえ》を出し合って、協力して問題を解《と》く。

まるで、リアル宝探《たからさが》しだ。

日本でもリアル脱出《だっしゅつ》ゲームがはやっているが、同じようなことを学校でやるとは。

「ママ、ぼく、算数ウィークでは『マンガハイ』の代表に選ばれたんだよ!」

詳《くわ》しく聞くと、どうやらパソコンを使った世界算数コンテストらしい。漫画《まんが》は関係がない。マンガハイという名前の、算数のプラットフォームがあるのだ。

「計算カード」をドブに捨《す》てるくらい嫌《きら》いなのに、大丈夫《だいじょうぶ》だろうか。

実際《じっさい》にやっているところを見ると、これがまるでゲーム。

問題を時間内に解《と》くとポイントがもらえて、このポイントを世界のほかの学校の子たちと競う。リアルタイムで順位がわかる。コウスケは夢中《むちゅう》になった。

内容《ないよう》は、実はただの計算ドリルとそう変わらない。

方法だけでこうも違《ちが》うのか。

この頃《ころ》から、なぜかコウスケは算数に興味《きょうみ》を示《しめ》すようになってきた。

あんなに、計算が嫌《きら》いだったのに、夜中まで「マンガハイ」にハマって、コンテストでメダルを取った。

5-10 ―― 日本の学校に戻《もど》ってみた

日本では6年生になっているはずの年の夏休みに、日本に帰国することにした。

久々《ひさびさ》の日本は、モノでいっぱい。

広告《こうこく》があちこちにあってなんでも売っている。

コウスケにとって、今や日本は憧《あこが》れの場所だった。

日本料理があり、大好きな漫画《まんが》やアニメがたくさん生まれている場所だ。

ついでに、おばあちゃんの家の近くにある、隣《となり》の区の役所にお願いして、日本の学校を1か月体験することにした。

そろそろ、日本の学校に戻《もど》っても大丈夫《だいじょうぶ》なのではないかと思ったのだ。ランドセルを借りて、コウスケは再《ふたた》び、日本の学校に通い出した。


実家にいると、電話がかかってきた。義姉《ぎし》の瑛子《えいこ》さんだった。

「どう？　どう？　マレーシアは」

いつもよりも、声が刺々《とげとげ》しくなくて、優《やさ》しかった。

「すごく楽しくやってるみたいよ。カオルくんはどうしてる？」

「おかげさまで第一志望《しぼう》の中高一貫校《いっかんこう》に受かったんだけど、入ってみたら今度は学校の勉強が大変でね」

「そっか」

「のんびりできると思ってたら、また塾通《じゅくがよ》いよ。コウスケ君は相変わらず塾《じゅく》には行ってないの」

「あはは、毎日遊んでるの」

「実はね……私《わたし》も正直、カオルに中学受験させてよかったのかどうか、考えちゃうことあるのよ」

「え、どういうこと？」

「うちも海外に行かせた方が、将来《しょうらい》よかったかなーって思うよね……。これからは、グローバルに対応《たいおう》しないといけないし、英語も重要だし。そうそう。きっとコウスケくんは英語が上手《じょうず》になったでしょうね」

驚《おどろ》いた。

私《わたし》がマレーシアに行くと決めたときには、「ダブルリミテッドになる」と、反対していた彼女《かのじょ》が、こんなことを言うのだ。

「カオルは確《たし》かに勉強ができて、中学受験に向いていたと思うけど、ずっと勉強が中心の生活になってしまって。ほかの生き方もあったかなと気づいたんだよね」

「カオルくんは、塾《じゅく》に楽しく行ってるの？」

「一応《いちおう》ね。学力が特に高い中学生を専門《せんもん》にした塾《じゅく》があって、そこに行かないとうちの中学ではついていけないんだって。せっかくだから留学《りゅうがく》はどうかと聞いたのだけど、海外は考えたくないって。絶対《ぜったい》に次も勝ちたいって」

「相変わらず、すごいね」

「……ありがとう。でもね、このままだとカオルは日本でしか生きていけない気がして不安になるの。まじめすぎるというか、視野《しや》が狭《せま》いっていうかね……」

瑛子《えいこ》さんがそんなことを言うとは。

「あのね。カオルくんが楽しんで勉強しているのなら、そのままでいいと思うな。うちも、落ち着いたから、中学から日本に戻《もど》るのもいいなと思ってるのよ」

「えっ、そうなの」

「あのね、私《わたし》は子ども自身がハッピーなら、それが一番いい場所だと思うんだよね。カオルくんのような努力家なら、英語はいつでもできる。海外には、本人が興味《きょうみ》を持ったときに行けばいいのよ。きっと今の彼《かれ》には塾《じゅく》があっているんだよ」

「そうだね。ありがとう。なんだか、気持ちが楽になった」

少しだけ瑛子《えいこ》さんと距離《きょり》が縮《ちぢ》まった気がして、電話を置いた。


ところが、日本の学校に2週間ほど通うとコウスケはだんだん元気がなくなった。

「どうしたの」と聞くと、

「ぼくのクラスにいっつもいじめられてる子がいるんだよね。ぼくは『お客さん』だからいじめられてないけど」

と彼《かれ》はボソッと言った。

「マレーシアでは、いじめはないの」

「あるよ。でも違《ちが》うんだよね」

「どう違《ちが》うの」

「いじめがあっても、いじめる側が、こいつを俺《おれ》はいじめたいんだという明確《めいかく》な理由でいじめてるというのかな……」

「ふむ」

「いじめる側が少数派《は》なんだ」

「今は違《ちが》うの？」

「今のクラスはひとつの『輪』だから、こいつをいじめといたら、自分はいじめられなくて済《す》む、という感じでいじめちゃうんじゃないかなぁ。だから先手必勝で最初にいじめておく、みたいな？」

「なるほど……」

「実は、最初の小学校にもあったんだよ」

私《わたし》は初めて聞く話だったので驚《おどろ》いた。

「コウスケがいじめられていたの⁉　それで学校が嫌《いや》だった？」

気づけなかったのか、と、ドキッとした。

「ちがうよ。ぼくがいじめられたわけじゃないけど、ほかの子がやられてて、すごく嫌《いや》だったんだ」

「そっか」

「いじめられているのを見るのはすごくつらいよ。それにいつターゲットになるかわからないから、怖《こわ》かったし。ほかにも緊張《きんちょう》することがたくさんある。みんなの話題についてけないと、すぐグループから蹴落《けお》とされちゃうんだよ。全員が全員、『はじめしゃちょー』とか『妖怪《ようかい》ウォッチ』の話するとかね、多分無理してると思った」

「マレーシアでは違《ちが》うの？」

「全員が『カンフー・パンダ』とか、『アングリーバード』の話をするとかありえない」

「マレーシアの学校にはグループはないの？」

「あるよ。でもね、みんながみんな自分の意思でそのグループにいる感じかな。男子だけ・女子だけのグループも混成《こんせい》グループも、スターウォーズを好きなグループもある」

「ふーん、マレーシアでも、グループは固定なの？」

「グループは毎回変わる。例えば、スターウォーズグループにアレックスが居《い》て、カンフー・パンダのグループにアレンがいるとする。別にノーティー・グループがあって2人ともそっちにも入ってたりする。グループに入れてもらえない子はいない。グループに入らない子も大量にいる。だから気楽なんだ」

泣いてばかりいたあの頃《ころ》から比《くら》べたら、ずいぶん事情《じじょう》がうまく説明できるようになったな。

「なぜ日本ではいじめが起こると思う？」

「授業《じゅぎょう》が退屈《たいくつ》すぎるとか、いじめの現場《げんば》を見たりとか、掃除《そうじ》当番とか給食当番での揉《も》め事とか、ストレスが多いから、どっかで発散しないといけないんだと思う」

「そっか」

「あといじめを見て見ぬふりするのではなく、大人がまずいじめが『ある』と認識《にんしき》することが重要なんだ。マレーシアの先生たちは『必ず、いじめは起きます』と言って、監視《かんし》してるし、厳《きび》しく対処《たいしょ》しているよ。いじめを再現《さいげん》する劇《げき》をやったこともある。方法は、あるんだよ」

ああ、大きくなったなあ。

ふと涙《なみだ》が出そうになった。

「ぼくはマレーシアにいるよ」

マレーシアにきたからいじめがなくなるなんて、単純《たんじゅん》な話じゃない。今の学校のいじめは「たまたま」かもしれない。
でも、それでも環境《かんきょう》が変わるといろいろなことが大きく変わるのは確《たし》かだ。
そして、一番大事なこと。
ハッピーじゃないと、人は学べないんだ。
幸せじゃないのに、やめられない子たち。
幸せじゃなければ、やめればいいと考えるマレーシアの子たち。
なぜこんなにちがうと感じるのだろう。
私《わたし》はこの時点で、まだ日本の中学に戻《もど》らなくてもいいと決めた。

6 コウスケ、プログラマーになる

6-1 ひょんなことから始めたスクール

小学6年生のある日のこと、転機が訪《おとず》れた。

きっかけは、コウスケの親友エドウィンだった。普段《ふだん》なら、どちらかの家で絵を描《か》いたりして遊ぶのだが、この日は様子が違《ちが》っていた。

エドウィンは、5人家族でリンクハウスと呼《よ》ばれる7LDKの家に住んでいる。家の前には小さいバナナの木があって、ハンモックが揺《ゆ》れている。

私《わたし》たちが到着《とうちゃく》すると、お母さんのリサが申し訳《わけ》なさそうに言った。

「今日、プログラミング教室の体験授業《じゅぎょう》を予約してたのを忘《わす》れてたわ。もしよかったら、コウスケくんも一緒《いっしょ》に行かない？」

最近はマレーシアでもプログラミング教室がはやっているらしい。

エドウィンのママのリサは教育熱心で、子どもたちのために、アートや水泳・キャンプなど、新しいアクティビティを見つけてくる。

「コウスケ、どうする?」と私《わたし》。

「プログラミングかー。あんまり興味《きょうみ》ないけど、エドウィンが行くなら、暇《ひま》だし行こうかな」


教室は、車で30分ほど離《はな》れた街にあった。迷《まよ》いながら辿《たど》り着いて、ようやく車を落ち着けて、エレベーターで上階に上がる。

小さなオフィスが入るような雑居《ざっきょ》ビルの2階の一室の暗いドアに「ようこそコーダーズへ! 一緒《いっしょ》に楽しもう! 小さなプログラマーたち」とポップな文字で書いてあった。「きっとここだね」とリサと話して、一歩教室に入った途端《とたん》、異様《いよう》な雰囲気《ふんいき》に圧倒《あっとう》された。

暗い照明の中に、色とりどりのビーンバッグが無造作《むぞうさ》に置いてあって、白いキッチンがある。

壁《かべ》にはアインシュタインやオイラーなど、数学者や科学者のポートレートがさりげなく、飾《かざ》ってある。まるでおしゃれなカフェバーか、シリコンバレーのスタートアップ企業《きぎょう》だ。

目を見張《みは》っていると、

「ハロー！　ウェルカム！　プログラマーたち!!」

と大きな声がして、シリコンバレーあたりにいそうな、ジーンズに青いポロシャツの服装《ふくそう》をした、体格《たいかく》のいい金髪《きんぱつ》の男性《だんせい》が現《あらわ》れた。

「何ここ？」

リサに耳打ちした。

「なんか不思議なところにきちゃったね」

と、リサ。

その日集まったのは、私《わたし》たち4人と、マレーシア華人《かじん》の親子だけ。

スタッフの数の方が多くて、ちょっと圧倒《あっとう》されてしまう。

テーブルの上にはお菓子《かし》と飲み物が用意されている。

さっきの青ポロシャツの男性《だんせい》が流暢《りゅうちょう》な英語でニコニコと子どもたちに語りかける。

「ようこそ！　コーダーズへ！　ぼくが社長のトムです！」

そこで、コウスケとエドウィンは、まるで学校でやるように「ヒューヒュー」と歓声《かんせい》を上げた。社長が嬉《うれ》しそうに言った。

「君たち。ゲームは好きかい？」

「大好きだよ！」

元気に答えたのは、コウスケだった。ゲームと聞いて、子どもたちの目が輝《かがや》く。

「おお、それはいいね！　ゲームをやっていたら、お父さんお母さんに怒《おこ》られた？けれども、これからは違《ちが》うよ。今から君たちが生きる時代は、全員にプログラミングが必要になる」

子どもたちは頷《うなず》いている。

「君たちは、すぐにプログラマーになる。もっとも簡単《かんたん》なプログラミング言語としてＰｙｔｈｏｎ《パイソン》を学ぶ。アプリも、ロボットも作る」

子どもたちの目が輝《かがや》いた。中華系《ちゅうかけい》の１人が言った。

「プログラミングなら、ぼくもう学校でやっているよ！」

「楽しいかい？」

「……NO」

「だろう？　いいかい？　学校システムはもう時代遅《じだいおく》れなんだ」

学校が時代遅《じだいおく》れと断言《だんげん》されて、親はみんな顔を見合わせて、ざわついた。

「今の学校は100年も前に作られたシステムで動いている。しかし、ここは違《ちが》う。一人ひとりに違《ちが》う教育を施《ほどこ》すことができるんだ。ぼくはこれから君たちに、コンピュータ的思考と呼《よ》ばれるものを教える。プログラミングを通して、論理的《ろんりてき》思考能力《のうりょく》と数学を学ぶ。キミたちの人生は、ここで大きく変わるんだ！」

親の私《わたし》たちは「本当かな」と半信半疑《はんぎ》。

でも、子どもたちは彼《かれ》の話に夢中《むちゅう》で、終わるとさっきと同じく、「ヒューヒュー」と言いながら大歓声《だいかんせい》と拍手《はくしゅ》。

「この中に、マインクラフトが好きな子はいるかな」

と社長が聞いた。全員がすばやく手を挙げる。

「ゲームは、やるより作る方が楽しいんだよ！」

社長がニカッと笑った。

その後のワークショップでは、まずは紙コップを使ってプログラミングの原理を学ぶ。

その2時間後、子どもたちはあっと言うまにスマホ用アプリを作ってしまった。

「お母さん、見て見て！」子どもたちは、口々《くちぐち》に自慢《じまん》する。

「すごいね」と私《わたし》たち。

社長は嬉《うれ》しそうに「君たちはもうプログラマーだ！」と言う。

「今日、入会してくれたら、この箱をプレゼントするよ！」

箱の中に、黒いスマートフォンと、ラズベリーパイと呼《よ》ばれる小さなコンピュータ、センサー群が入っている。

子どもたちは目を輝《かがや》かせた。「ぼく、スマホ欲《ほ》しかったんだよ！」とコウスケは叫《さけ》んだ。エドウィンは「ねぇママ、入っちゃダメ？」とさっそくねだっている。

リサは私《わたし》に「授業料《じゅぎょうりょう》は？」と耳打ちした。

私《わたし》はトムに「授業料《じゅぎょうりょう》はいくらなんですか？」と聞いた。その後、女性《じょせい》スタッフが登場し、細かく料金の説明が始まった。

思ったより高くない。

しかし商売がうまいな……私《わたし》はリサと目くばせした。

コウスケは「お母さん、ぼくここにきたい」と言い出した。

「うーん。家から30分以上かかるし、遠いよ」

「お願い！」

こんなわけで、子どもたちの勢《いきお》いにつられて、私《わたし》もリサも申し込《こ》むことにした。

これが大きくコウスケの人生を変えるきっかけになるとは、そのときは気づかなかった。

6-2 ―― 動画が先生になる？

変なスクールだった。

みんなが、好きなときにきて、好きな時間に帰る。お菓子《かし》と飲み物があっていつでも食べていい。お菓子《かし》を食べて帰るだけでもいい。おもちゃで遊ぶ子も、寝《ね》っ転がってる子も、何もしないでおしゃべりしてる子もいる。

エドウィンは、ロボット作りが大好きになった。いろんな種類のセンサーをくっつけては遊んでいた。コウスケは計算機やシューティングアプリ、オリジナルゲームなどを次々《つぎつぎ》に作るようになった。

変なスクールであることの極め付けとして、ここには授業《じゅぎょう》が存在《そんざい》しない。それどころか、先生はほとんど教えないのだ。勝手に動画で学び、質問《しつもん》があるときだけ答えるのだ。

トムはよく言った。

「もう、先生が子どもを教える時代は終わったんです。これからは、アクティブ・ラーニングの時代です」

「アクティブ・ラーニングってなんですか？」

「生徒一人ひとりが、自分の学びたいことを学びたいペースで学ぶってことさ。先生はコーチ役に徹《てっ》するんです」

今や、学校で学べることは、ほぼオンラインで自習できるというのだ。

バラバラに好きなことを学ぶのか。

保育園《ほいくえん》か、学童クラブみたいだな、と私《わたし》は思った。

人懐《ひとなつ》っこいエドウィンとコウスケは、たちまち先生たちと仲よくなり、2人が揃《そろ》ってくると先生は本当に嬉《うれ》しそうに歓迎《かんげい》してくれる。

先生はコウスケたちにいつもこう言っていた。

「どんどんＹｏｕＴｕｂｅを見てください。ゲームをやってください。ゲームを作る側になりましょう！」

普通《ふつう》の学校なら「ゲームや動画は1日1時間までにしてください」と言うだろう。

この教室ときたら、まったく、あべこべだった。

自学自習を勧《すす》められたコウスケは、「カーンアカデミー」の動画にのめり込《こ》んだ。

「カーンアカデミー」は無料のオンライン学習サイトだ。

英語版《えいごばん》では、高校課程《かてい》までの数学・物理・生物などのほとんどの科目を学習できるのだ。

聞けば小学校でも子どもたちの間でカーンアカデミーがはやっていた。

確《たし》かに、創始者《そうししゃ》サルマン・カーンの教え方はテンポがよく「学校の授業《じゅぎょう》よりわかりやすい」というのである。

6-3 ── 学校に行かない子どもたち

スクールに通ううちに、私《わたし》は奇妙《きみょう》なことに気づいた。

いつ行っても、常《つね》にスクールに常駐《じょうちゅう》している子どもたちがいるのである。

「一体、この子たちは学校にいつ行っているのかしら」

「ママ、彼《かれ》らは学校には行ってないんだよ」

へえっと思わず声が出た。

マレーシアには「ホームスクーラー」といって、学校に行かない生徒が一定数いるとは聞いていた。

それでも驚《おどろ》きだ。

こんな自由な教室が学校がわりになるなんて。

「学校に行ってないの？　それでいいのかな？」

「ぼくもこの子たちみたいにずっと通いたいな」

ドキッとした。

しまった。余計《よけい》なことを言ってしまったかもしれない。

私《わたし》は聞こえないふりをした。

コウスケは、このスクールのよさを力説し始めた。

「ここの先生はすごいよ。例えば、子どもが『タイムトラベルって可能《かのう》なんですか？』という質問《しつもん》をする。それに対する答えが『ヒントとなる特殊相対性理論《とくしゅそうたいせいりろん》という理論《りろん》があってね……』と答えてくれるんだよ。年齢《ねんれい》に関係なく、大学生レベルの知識《ちしき》まで教えてくれる」

そうなのだ。このスクールの先生たちは、質問《しつもん》したことに対して、「小学生だから」と遠慮《えんりょ》しないのだ。

「そんなこと教えてわかるのかな？」

「でもさ、日本だと、小学校1年生の子が『相対性理論《そうたいせいりろん》ってなに？』って質問《しつもん》をすると『もっと大きくなってからね』と言われちゃうんだよ」

「だって、そんな質問《しつもん》に答えてたら、先生もキリがないじゃない」

「うん。だけどね、そうするとだんだん疑問《ぎもん》を抱《いだ》くことへのやる気がしぼんでいってしまう気がするんだ」

「なるほどね」

「余計《よけい》なことを考えなくても、正解《せいかい》はこれだから、『とにかく覚えればいい』と言われることもあって……。ぼくはそれがすごく嫌《いや》だったんだ」

いい刺激《しげき》になっているのは確実《かくじつ》なのだなと思った。

6-4 ―― 数学は好きだけど、計算は嫌《きら》い？

コウスケは、教室が終わると、毎日、興奮《こうふん》して喋《しゃべ》るようになった。

「ママ、フィボナッチ数、って知ってる？ すごいんだよ。世界は数学でできてるんだよ！」

「『シュレディンガーの猫《ねこ》』って知ってる？　猫《ねこ》は死んでもいるし、生きてもいるんだ。そんな状態《じょうたい》が、ありえるんだよ」

「今日はモンティ・ホール問題を習った。下駄箱《げたばこ》を開けるときにすごく役に立つよ。明日は先生が何を教えてくれるのか、楽しみでたまらないよ！」

私《わたし》が迎《むか》えに行くと、もうスクールはとっくにおしまいの時間なのに、コウスケは先生と2人でずっとしゃべっていて、終わると今度は私《わたし》に向

かって延々《えんえん》と話し続けるのだ!

眠《ねむ》い。早く運転して帰りたい。

なのに、終わったと思ったら「お腹《なか》がすいた!」と言うので、仕方なく、夜《よる》遅《おそ》くまで開いている隣《となり》のピザ屋に入る。

すると、決まって、コウスケによる講義《こうぎ》が始まるのだ。

ときどきあくびなどしてしまうと、

「おかーさん、ちゃんと聞いてて」

と怒《おこ》られる。

私《わたし》は数学が苦手だ。

なのに、コウスケのお気に入りのYouTuberもいつのまにか、ヒカキンから、数学系《けい》のYouTuberになり、さらに、カーンアカデミーから世界中の数学者が出てくる「Numberphile《ナンバーフィル》」とか「TED-Ed《テッドエド》」「Vsauce《ヴィソース》」などの英語の教育チャンネルが増《ふ》えていった。

英語の世界にはすごい動画が山ほどあることを、コウスケは熱く語った。

「お母さん、知ってる？　この世の中のものは、色も形もほとんど数学でできているんだよ。生き物の形がなんと数学で表せるんだ」

泣く子には勝てないが、笑う子にも勝てない。


ある日、教室の社長は私《わたし》を見ると真面目な顔でこう言った。

「コウスケは数学の才能《さいのう》がありますよ！　学校をやめてうちにフルタイムできませんか？」

冗談《じょうだん》じゃない、と私《わたし》は思った。

絶対《ぜったい》に、学校は大事なはず。

自分で学べばいいなんて、そんな「広告文句《こうこくもんく》」には騙《だま》されないぞ。

そもそもコウスケは計算が嫌《きら》いで、もうすぐ中学生になるというのに、九九だってまだ怪《あや》しいじゃないか。

日本の小学校だと、最初に計算ドリルをやって、少しずつ難《むずか》しくなっていく。

コウスケは、先に難《むずか》しい理念を学習し、必要に応《おう》じて方程式《ほうていしき》や因数分解《いんすうぶんかい》を覚えていく。

今になって、「あー、だから九九を覚えないといけないのかー」とか言って、昔の教材を引っ張《ぱ》り出して覚え出す始末なのだ。

そんな彼《かれ》が、数学のために学校を止めるなんて、ありえない。


ところが、しばらくすると事件《じけん》が起きた。

コウスケは学校で行われた「数学オリンピック」で銅《どう》メダルを取って、シンガポールの「数学オリンピック・アジア大会」にマレーシアの代表選手として出ることになったのだ。

えええええ……!?

かけ算も満足にできないのに、なぜ?

親子でバスで6時間。シンガポールの会場には、アジア中から集まった子どもたちが大量に集まっている。マレーシア組は、揃《そろ》いのオレンジ色の「マレーシア代表」シャツを着て、体育館でパズルや知恵《ちえ》の輪に挑戦《ちょうせん》した。

シンガポールの数学《すうがく》オリンピック・アジア大会では、メダルを取れなかった。

コウスケは「こういうなんとかオリンピックは好きじゃない」と言った。

問題を解《と》くのと、数学を考えるのはちがうということだった。

結果はともかく、少し心が動く出来事だった。

6-5 ―― 学校への興味《きょうみ》が失《う》せていく

コウスケは、すっかりその教室に入り浸《びた》るようになってしまった。

週末は朝10時から夜10時まで、ずっと教室。

帰りが夜の11時を過《す》ぎることもよくあった。

月曜の朝の学校の時間に起きられず、2人で寝坊《ねぼう》して遅刻《ちこく》。先生からは怒《おこ》られるばっかりになってきた。

コウスケは、そのうち「学校を毎週1日休んで、教室にいけないかな」と言いだした。

あれほど楽しんでいたはずの、学校への興味《きょうみ》が萎《しぼ》んでいく。

この奇妙《きみょう》な教室の前では、学校が色褪《いろあ》せて見えてしまうようだ。

「授業《じゅぎょう》は試験対策《たいさく》ばかりになってきて、つまらない。それに、授業《じゅぎょう》は、『カーンアカデミー』と比《くら》べたら、どうしても無駄《むだ》が出るんだよ。動画なら学校の1週間の授《じゅ》業《ぎょう》が1日で学べる」

「うーん、そうはいっても、学校にお友だちもいるでしょ」

「みんな試験の話ばかりになってきた。数学について話せる友だちがいないんだ」

「……」

こうして、学校の宿題は前からやらなかったけれど、今や、全然やらなくなった。

「数学の先生に、計算問題はやりたくありません、と言ったら、『じゃあ君はやらなくてよろしい』と言われたよ」

「そんなことあるの？」

「その代わり、その結果起きたことについては、自分で責任《せきにん》を取りなさいって」

なるほどなあ……。

先生によって、対応《たいおう》はいろいろなんだな。

6-6 ――「学校をやめたい」と言い出す

コウスケはついに「お母さん、ぼくは学校をやめて、この教室にずっと行きたい」と言い出した。

これには、さすがの私《わたし》も少し困《こま》った。

今のままでは、コウスケは小学校も卒業できない。最終学歴《がくれき》・保育園《ほいくえん》卒になってしまう。

どう考えても、本人が困《こま》るだろう。

「もう授業《じゅぎょう》には興味《きょうみ》が持てないんだ。今は、もっとプログラミングや数学をやっていたい」

「そうは言っても、英語も歴史《れきし》も大事だよ。学校は役に立つと思うけど?」

「カーンアカデミーで大体のことは学べるから大丈夫《だいじょうぶ》」

「フルタイムのホームスクーラーは3人しかいないじゃないの。3人としか付き合わないことになるでしょう。友だちも体育も大事だよ!」

「数学者は若《わか》い頃《ころ》に大事な発見をしている。だから、十代で何を学ぶかが重要なんだ」

「数学者になる前に、『保育園卒《ほいくえん》』なんてどこも相手にしてくれないでしょう!」

困《こま》り果てて、日本にいる夫と話してみる。

「まあ、いいんじゃないの? やりたいようにやらせてみたら」

のんきというか、能天気《のうてんき》というか、何も考えてないというか。

夫はわかっているのだろうか。

困《こま》り果てて、ライアン一家に相談してみた。

「妹の子どもがホームスクーラーだから、話を聞きに行ったらいいよ」

と言ってくれたので、ライアンの妹のシェニーに話を聞きに行った。

シェニーの2人の子どもは、昨年公立学校をやめて、ホームスクーラーとして近所の「センター」に通っている。

「2人とも学校が退屈《たいくつ》でどうしても集中できないと言うから、センターに入れることにしたの」

センターとは、日本で言うところのフリースクール。

シェニーは続ける。

「今、ホームスクーラーが増《ふ》えているのよ。少人数でしっかり勉強を見てくれて、学費《がくひ》も助かるし、送り迎《むか》えも楽になるのよ。政府《せいふ》も認《みと》めている権利《けんり》だからね」

「でも友だちは？　仲間づくりはどうするの？」

「うちは100人も生徒がいるので、ほぼ学校ね。小規模《しょうきぼ》な学校の子たちは、ホームスクーラー同士《どうし》でグループを作ってエクスカーション（遠足）なんかに行ってるわよ」

「じゃ、学歴《がくれき》はどうなるの？　その先、大学に通えるの？」

「うちは、IGCSE（中等教育修了《しゅうりょう》を証明《しょうめい》できる国際資格《こくさいしかく》）を受ける予定よ」

彼女《かのじょ》はこともなげにいった。

「ほとんどのホームスクーラーが、どこかの国の試験を受けて、進学してるのよ。まったく学校に行かなくても、資格《しかく》さえ取れば高校・大学に進学できるから問題ないの」

問題……ないのか？

私《わたし》はまだ納得《なっとく》がいかなかった。

ある日、プログラミングの教室に行ったら、社長から「お母さん、ちょっと話がありますす」と呼《よ》ばれた。

会議室の片隅《かたすみ》で、社長はこう言い出した。

「あなたはなんでコウスケを学校に行かせるんですか？」

詰問《きつもん》するような、強い感情《かんじょう》がこもっている。

私《わたし》は絶句《ぜっく》した。

学校に行って責《せ》められるなんてことが、あるだろうか。

「正直に言いますが、あなたのお子さんは、学校で大量の時間を無駄《むだ》にしています。この子に合うのは学校ではない。自分で学べる環境《かんきょう》です。学校システムは、ずいぶん昔に作られたもので、もう時代にあってないんです」

「……しかし、本当に学校に行かなくて大丈夫《だいじょうぶ》でしょうか？」

「今やこの国には学校に行かない子たちがたくさんいます。それに、中学卒業資格《しかく》のことなら、我《わ》がスクールでサポートします！」

「でも、ほかの科目はどうなりますか」

「ほかの科目も教えます。必要なら、先生を外部から呼《よ》びます」

「では、クラブ活動は？　スポーツはできますか？」

「今、うちのホームスクーラーたちは近所のインターナショナル・スクールの部活動に入れてもらってます」

「……」

塾《じゅく》のセールストークだ。

ああ言えばこう言うで、全て丸め込《こ》まれてしまう。


でも、学校にこだわっているのが私《わたし》だけなのは、もはや明白な事実だった。

学校をやめる。

保育園《ほいくえん》の卒業になる。

これはさすがに勇気のいる決断《けつだん》だった。

けれども私《わたし》の体力も限界《げんかい》だ。

毎週末、眠《ねむ》い目をこすりながら、車を運転して、家に帰るともう夜中近く。いつ事故《じこ》が起きてもおかしくない。

普段《ふだん》から、十分に教室に通わせた方がいいかもしれない。

事故《じこ》が起きて、取り返しのつかないことになったら……。

学歴《がくれき》の方は、まだ取り返しがつくじゃないか。

あれやこれやと考えて、最終的には私《わたし》が折れた。

コウスケはついに学校をやめて、この教室にホームスクーラーとして通うことになった。

学校に行かないことに抵抗《ていこう》する私《わたし》に夫は一言、「でもさ、コウスケの人生だしね」と言った。

そうなのだ。この人生の主役はコウスケで、私《わたし》ではない。

親の私《わたし》には、「せめて中学くらいは行ってほしい。英語も、歴史《れきし》も将来《しょうらい》のためにやってほしい」という欲《よく》があった。

インターナショナル・スクールをやめるとき、担任《たんにん》の先生に、「学校をやめてホームスクーラーになります」と言ったら、「コウスケくんにはとてもいい選択《せんたく》だと思いますよ」と逆《ぎゃく》に励《はげ》まされてしまった。

なんという世界だろう。

6-7 ―― ホームスクールに通い始める

ホームスクールにフルタイムで通う子たちは、コウスケを入れて4人。

1歳《さい》年下のインド系《けい》のアリ、イラン系《けい》のアラシ、2歳《さい》年下のマレー系《けい》の女の子ザラ。以上。

毎日通う子たちの教室は4階の大きな部屋で、カフェと、ちょっとした運動スペースまであった。

朝行くと、社長が「おはよう！ プログラマーたち！」と大きな声で入ってきて、1日がスタートする。

朝10時から夜7時まで。

それぞれの興味《きょうみ》を軸《じく》に、プログラミング言語や理数系《けい》科目を学ぶ。

授業《じゅぎょう》は、英語、数学、物理、化学、生物だけ。プログラミングは課題が出るが、それ以外は自分が好きなことを動画などで学び、わからないことを先生に聞く。

側《はた》から見ると、ただ遊んでいるようにしか見えない。

金曜日はスポーツ（サッカー・バドミントン・水泳）と映画鑑賞《えいがかんしょう》があるが、教室には、ゆるいカリキュラムがあるだけで、基本《きほん》はカーンアカデミーやＴＥＤ-Ｅｄなど、ＹｏｕＴｕｂｅ動画による自習なのだ。

6-8 ―― スパルタ式のプログラミング特訓

正直、好きなことをゆるゆるダラダラとしているのかと思っていた。

しかし、このホームスクールは、前の学校とは違《ちが》ってかなりスパルタ式で厳《きび》しかった。

「チュートリアルビデオを１００本見ること！」

「Python《パイソン》で書いたコードをJava《ジャバ》やCなど10以上の言語に書き直すこと！」

など、課題も多かった。

「プログラマーは、みんな自習するんだよ」コウスケは説明した。

また、ほとんどの先生も子どももノンネイティブなのに、先生たちは「英語を使いなさい」と、厳《きび》しい。なぜかというと、プログラマーの共通言語は英語だからなのだそうだ。

先生たちはいろんなことを言った。

「これからの時代は、英語とプログラミングが重要になる。だから、必ず身につけること」

「プログラミングを理解《りかい》していないと、会社の経営《けいえい》ができない時代がくる」

コウスケはどんどんプログラミングが得意《とくい》になって、三角関数を使った3DのRPGゲームや、JavaScriptでテトリスを作ったりした。

パブリック・スピーキング、3Dプリンターの使い方、ビデオ制作《せいさく》、投資《とうし》の授業《じゅぎょう》もあった。プログラマーとして「仕事」を請《う》けることもあった。

6-9 ―― 働く母になってみた

無事（？）小学校を卒業せず、コウスケは中学生になる年齢《ねんれい》になった。長時間教室で勉強しているので、私《わたし》には時間的な余裕《よゆう》ができた。

ふと、そろそろ働くのもいいかもしれない、とそう思った。

職探《しょくさが》しを始めると、地元のエージェントが、近所のマレーシアの会社で日本語と英語ができる人材を探《さが》しているという。給与《きゅうよ》は最低限《さいていげん》だが、ビザがおりる。まず英語で履歴書《りれきしょ》を書いて、知り合いに頼《たの》んで、チェックしてもらった。

会社はショッピングモールと隣接《りんせつ》した高層《こうそう》ビルの中層階《ちゅうそうかい》にあった。すごく見晴らしのいいオフィスで、上司となるフィリピン人女性《じょせい》とマレー人女性《じょせい》による面接《めんせつ》が行われた。

結果は採用《さいよう》。

ということで、私《わたし》は働き始めることになった。

そんなある日のこと。

コウスケを迎《むか》えに行き、時間があったので、1階にあるスーパーで買い物をしていると、聞き覚えのある声で、「コウスケくんのお母さん」という声がした。振《ふ》り返ると、ユイトくんのママだった。

「ユイトくんのお母さん」

「お久《ひさ》しぶりです」

「そういえば、いい学校が見つかりましたか?」

「あれ、聞いてないですか?」

彼女《かのじょ》は少し躊躇《ちゅうちょ》して言った。

「ユイト、この春に日本に帰りました」

私《わたし》はびっくりした。

「実は、あれから色々《いろいろ》、彼《かれ》に合う学校を探《さが》したんですが、どうしても見つからなくて、やっぱり日本の方がいいかなと思って……。ギリギリのタイミングでしたが、帰国子女枠《わく》で中学を受けたら、合格《ごうかく》しまして」

「それはおめでとうございます」

私《わたし》は心から言った。

彼女《かのじょ》の顔はまるでつきものが落ちたように晴れ晴れしていた。

「ユイトは今東京の実家にいますが、落ち着いて楽しそう。とってもいい中高一貫《いっかん》校《こう》で、日本の方があっていたみたい。成績《せいせき》も安定してて一安心です。私《わたし》、最初の頃《ころ》、すごく不安で……、きっとご迷惑《めいわく》かけたと思います」

「いえ、みんなきた頃《ころ》は不安定ですもんね」

「あの、コウスケくん、学校やめたって聞いたんですけど、本当ですか」

「よく知ってますね。そうなんですよ」

「あんなに気に入っていた学校をやめちゃうなんて……。あの……進路とか、受験とか大丈夫《だいじょうぶ》なんですか」

「どうなんでしょう。でもまあコウスケの人生ですしね。なるようになるんじゃないでしょうか」

「強いですね。そんなもんですかねー」

「いえいえ、私《わたし》も相当悩《なや》みました」

ユイトくんのママは青い空を見上げて、しばらくして言った。

「あの、私《わたし》も片付《かたづ》けのためにマレーシアに戻《もど》ってるんですけれど、もうすぐ本帰国（日本に永久的《えいきゅうてき》に帰ること）します」

「そうでしたか。それは、お疲《つか》れ様《さま》でした」

「いろいろ、お世話になりました。それじゃ、失礼します」

彼女《かのじょ》の後ろ姿《すがた》を見ながら、ユイトが笑顔《えがお》を取り戻《もど》せたらいいな、と思った。

6-10 ―― レールのない人生は結構《けっこう》しんどい

さて、こうして2年ほど経《た》った頃《ころ》、出し抜《ぬ》けに、コウスケは、「ぼくはもっと仲間が欲《ほ》しい」と言いだした。

「ホームスクールの仲間がいるじゃない」

「ちょっと違《ちが》うんだよ。アリはYouTuberになりたい。アラシは、ルアというプログラミング言語にはまってひたすらゲームを作ってる。ザラは、HTMLでデザインするのが得意《とくい》。つまり、数学が好きな子は1人もいないんだ」

「仲間が3人しかいないから、そんなに好みが合うはずがないよね……」

「ぼくは今、数学や物理やほかの話をしたいんだけど、先生以外に話す人がいないよ」

私《わたし》は、思わず、

「だから言ったじゃない。学校の方がいいって」

と言いたいのをぐっと飲み込《こ》んだ。

「でも、ホームスクールに行くときは、人数の少なさは気にならなかったでしょ」

「あのときは、学びの自由が何よりも欲《ほ》しかったからね。それに少人数には少人数のよさがあることが、入ってみてわかったよ」

コウスケは大人びた口調で言った。

「今は、何が欲《ほ》しいの？」

「もっといろんな話ができる仲間が欲《ほ》しいんだ。だからぼくは学校に戻《もど》りたい」

学校という言葉が出てきて、私《わたし》は驚《おどろ》いた。

あんなに嫌《いや》がっていた学校に戻《もど》る？

「ええっと、高校に入るってこと？」

「うん。ぼくはもっとたくさんの人と出会いたい。そのためには、高校に行って、それから大学に行きたい。だから、英国式の中学卒業試験の勉強を始めようと思う」

英国式では大体16歳《さい》の頃《ころ》に大きな試験がある。学校に行っていない子も、日本の大検《だいけん》のように、自分で英国式の試験を受けると、高校や大学の予備課程《よびかてい》などに進級できるようになるのだ。

「大学に行って何をするの」

「人工知能《ちのう》を学びたい」

「ふーん」

「でも、そのためには、高校の卒業資格《しかく》が必要で、英語や化学も勉強しないといけないんだ」

「そりゃ大変だ」

「数学は、思いっきりやったからけっこう気が済《す》んだ。だからほかの科目もやらないといけない」

「今までやってないけど、取り戻《もど》せる？」

「わかんないけど、頑張《がんば》ってみる。そして将来的《しょうらいてき》には、心理学や文学も勉強したい。学校はけっこう便利なパッケージなんだね」

「うん、そうかもしれないよね。けれど、それなら最初から学校にいた方がよかったんじゃないの」

つい余計《よけい》なことを言ってしまった。

コウスケは少し考えてから言った。

「それはないよ。実際《じっさい》に学校をやめてみて、初めてわかったことがたくさんあった。当時はとにかく、好きな勉強がしたかったし、学校でみんなのペースで学ぶことが苦痛《くつう》だった。そして、ほとんどのことは、自分で学べることがよくわかったし、プログラミングでお金が稼《かせ》げることも知った。でも、その欲望《よくぼう》が満たされてしまったら、今度は仲間が欲《ほ》しくなった。面白《おもしろ》いよね」

面白《おもしろ》い、か……。

そうか。迷《まよ》う人生は、面白《おもしろ》いのだ。

「一周回って学校のよさに気づいたってことかしら」

「そうだね。学校に戻《もど》ったら、また自由が恋《こい》しくなるかもしれないけれど。ここでは自分で決めないといけないからね。それもまた大変なんだ」

「確《たし》かに、自由だけど、進路も将来《しょうらい》についても、すべて自分で調べないといけない」

「うん。そういう意味では、ぼくはだんだんレールのない人生に疲《つか》れてきたかもしれない」

「保育園《ほいくえん》卒じゃなくなるのね」

私《わたし》はレールのある人生のよさなんて考えたことがなかった。

コウスケはいつのまにか、すっかり大人みたいな考え方をするようになった。

コウスケは少し考えて、また言った。

「あとはね、パパと一緒《いっしょ》に暮《く》らしたい」

夫は3か月にいっぺんは、会社を休んでマレーシアに遊びにきていたけれど、別れるたびに寂《さび》しい思いをしているのだ。

「ぼくはどうしても、家族全員で一緒《いっしょ》に暮《く》らしたいんだ」

「パパは仕事があるでしょ」

「うん……でも仕事やめられないのかなぁ」

また大胆《だいたん》なことを言うなあとのけぞりそうになった。

でも、と思い直した。

そういえば、私《わたし》は最近会社から、昇進《しょうしん》を打診《だしん》されていた。昇進《しょうしん》すれば給与《きゅうよ》が上がり、夫を呼《よ》べるかもしれない。

贅沢《ぜいたく》をしなければ、家族3人でなんとか暮《く》らしていけるだろう。

翌年《よくとし》、夫がお正月にきたときに、コウスケはパワーポイントで「プレゼン」をした。

「パパがマレーシアにくる時期について」

そう題されたそのプレゼン資料《しりょう》には、なぜ夫が急いでこなければいけないのか、数式を使って細かく説明されていた。

「ね、パパ、今きた方がいいよ。だから会社やめて？」

「うん。わかった」

夫は、そう言って本当に翌日《よくじつ》に退職届《たいしょくとどけ》を出した。

誰《だれ》もがびっくりした。

20年もいた会社をやめるのは大変な決断《けつだん》だっただろう。

でも、コウスケの喜《よろこ》びようと言ったらなかった。

こうして、家族3人は晴れて合流することになった。

6-11 ―― エピローグ

そんなわけで、コウスケは、試験のための猛《もう》勉強を始めた。

受ける科目は、数学、高等数学、化学、物理、英語、生物、そしてコンピュータ・サイエンス。

自分で選択《せんたく》し、自分で決める。周囲《しゅうい》の誰《だれ》も強制《きょうせい》してくれないから、自分で予定表を作って、試験の日程《にってい》に合わせて調整していく。

毎日夜中まで勉強するので、夫や私《わたし》が心配になる程《ほど》だ。

それでも夫と一緒《いっしょ》にときどき気分転換《てんかん》に映画《えいが》を見たり、アニメを見たりしている。

こうやって悩《なや》んだり失敗しながらも、コウスケは、広い世界で生きていけるようになった。


ある日、久々《ひさびさ》に、プログラミング教室の社長との面談があった。学校に戻《もど》るから、試験のサポートをしてほしい、と伝えたら、あっさりと断《ことわ》られた。

「彼《かれ》はもう一人前のプログラマー。私《わたし》が彼《かれ》に教えられることは、もう何もない」

誇《ほこ》らしげな顔で彼《かれ》は続けた。

「私《わたし》たちは彼《かれ》に自習する方法を教えました。もう学習に関しては一切指導《しどう》してないし、もう自分で決めて学べるでしょう。私《わたし》たちの役目は終わったんです」

その言葉を聞いて、セールストークが上手《じょうず》だなとか、商売のことしか考えてないのでは、などと思っていたことを恥《は》じた。

彼《かれ》の言う通りだ。

これからの人生は、誰《だれ》かがいつも手取り足取り教えてくれるわけじゃない。

自分で何を学ぶか決めて、選んで責任《せきにん》を取る。

一見簡単《かんたん》なようだけど、決断《けつだん》して歩んでいくには勇気がいる。

そのための時間だったんだ。

小学校をやめるとき、ミス・タバが言った言葉が思い返される。

「ただ、あなた自身でいてね。リアルなあなたを、完全じゃなくて、欠点だらけで、風変わりで、美しくて、不思議なあなたを見せてください」

コウスケは、きっと素敵《すてき》な仲間たちを見つけて、自分の道を転びながらも歩いて行くだろう。

もう大丈夫《だいじょうぶ》だ。

おわりに

これを読んでいるあなたは、学校が好きでしょうか？

もしかしたら、コウスケみたいに、学校が苦しくて、泣いてしまうこともあるかもしれませんね。

部活や授業《じゅぎょう》や校則《こうそく》や友人関係。

学校や家での毎日に、嫌《いや》なことがあってもおかしくはありません。

そんなとき、頭の片隅《かたすみ》にちょっとだけ「今いる場所以外にも、ほかの世界やほかの学び方があるのかもしれない」と思い出してほしいのです。

インターネットが登場して、教育の世界も大きく変わりつつあります。

そして、世の中には、昔ながらの学校もあるけれども、コウスケが最後に通ったような「子どもを中心にした教育」を行っている学校も出てきました。

コウスケが最初に通った日本の学校、そして最初のマレーシアの学校は、伝統的《でんとうてき》なスタイルの学校でした。

先生が立って、教科書を読んだり、黒板に文字を書いたりして教えています。

2番目の学校は、ちょっとだけ新しい学校。

教科書はほとんど使わず、ディスカッションやゲームを取り入れたり、世界のいろんなことを学ぶアクティビティがありました。

そして最後のプログラミング・スクールは、かなり斬新《ざんしん》なスタイルの学校です。

ここでは生徒自身が自分がやりたいことを決めていました。

こんなふうに、いろんな学び方があるのが、今の時代なんです。


今は、コウスケの時代とは異《こと》なり、日本の中にもいろんな学校が現《あらわ》れてきました。

マレーシアに行く必要は必ずしもないのです。

だからもし、今いるところがちょっと苦しい、自分に合わないな、と思ったら、お父さん、お母さん、信頼《しんらい》のできる大人に相談してみてください。

相談も、大切なあなたの「一歩」です。
あなたの人生が幸福になることを、心の底から願っています。

野本響子（のもと・きょうこ）

早稲田大学卒業後、保険会社を経てアスキーで編集に携わる。フリー編集者を経験後にマレーシアに移住し、現在はnoteやvoicyなどで生活や教育情報を発信。著書に『東南アジア式『まぁいっか』で楽に生きる本』（文藝春秋）、『いいね!フェイスブック』（朝日新書）、『日本人は「やめる練習」がたりてない』、『子どもが教育を選ぶ時代へ』（いずれも集英社新書）など。

絵　酒井以
装丁　喜來詩織（エントツ）
校正　有限会社シーモア

キミの一歩　マレーシア
幸せじゃないなら、やめればいい

2025年1月25日　初版発行

作　野本響子
絵　酒井以
発行者　岡本光晴
発行所　株式会社あかね書房
〒101-0065
東京都千代田区西神田3-2-1
電話　営業(03)3263-0641
　　　編集(03)3263-0644
印刷　中央精版印刷株式会社
製本　株式会社難波製本

NDC914　217ページ　19cm×13cm

ISBN978-4-251-09642-5